Fundamentos de comércio
exterior: termos técnicos

Giselly Santos Mendes

Rua Clara Vendramin, 58 :: Mossunguê
CEP 81200-170 :: Curitiba :: PR :: Brasil
Fone: (41) 2106-4170
www.intersaberes.com
editora@intersaberes.com

Conselho editorial
Dr. Alexandre Coutinho Pagliarini
Drª. Elena Godoy
Dr. Neri dos Santos
Dr. Ulf Gregor Baranow

Editora-chefe
Lindsay Azambuja

Gerente editorial
Ariadne Nunes Wenger

Assistente editorial
Daniela Viroli Pereira Pinto

Edição de texto
Arte e Texto Edição e Revisão de Textos
Larissa Carolina de Andrade
Mycaelle Albuquerque Sales

Capa
Luana Machado Amaro (*design*)
i viewfinder/Shutterstock (imagem)

Projeto gráfico
Bruno Palma e Silva

Diagramação
Regiane Rosa

Designer responsável
Charles L. da Silva

Iconografia
Maria Elisa Sonda
Regina Claudia Cruz Prestes

Dados Internacionais de Catalogação na Publicação (CIP)
(Câmara Brasileira do Livro, SP, Brasil)

Mendes, Giselly Santos.
    Fundamentos de comércio exterior: termos técnicos/Giselly Santos Mendes. Curitiba: InterSaberes, 2022.

    Bibliografia.
    ISBN 978-65-5517-315-4

    1. Câmbio exterior 2. Comércio exterior 3. Comércio internacional I. Título.

21-90214   CDD-382

Índices para catálogo sistemático:
1. Comércio exterior   382

Cibele Maria Dias – Bibliotecária – CRB-8/9427

1ª edição, 2022.

Foi feito o depósito legal.

Informamos que é de inteira responsabilidade da autora a emissão de conceitos.

Nenhuma parte desta publicação poderá ser reproduzida por qualquer meio ou forma sem a prévia autorização da Editora InterSaberes.

A violação dos direitos autorais é crime estabelecido na Lei n. 9.610/1998 e punido pelo art. 184 do Código Penal.

sumário

Apresentação 7
Como aproveitar ao máximo este livro 10

Capítulo 1
Fundamentos da terminologia técnica de comércio exterior
1.1 Comércio exterior 15
1.2 Blocos econômicos e o livre comércio 24
1.3 Organismos internacionais 37
1.4 Órgãos anuentes 43

Capítulo 2
Operações cambiais em negociações internacionais
2.1 Noções de política econômica, monetária, fiscal e cambial 51
2.2 Mercado de câmbio 55
2.3 Regime cambial brasileiro 59
2.4 Pagamentos e recebimentos internacionais 62
2.5 Contrato de câmbio 74
2.6 Linhas de financiamento de importação e de exportação 78

Capítulo 3
Gestão operacional e seus termos técnicos
3.1 Estratégias de negociação internacional   85
3.2 Internacionalização de empresas   98
3.3 Estratégias de internacionalização   102
3.4 *International Commercial Terms* (Incoterms)   106

Capítulo 4
Logística de transporte internacional
4.1 Logística de transporte internacional   121
4.2 Multimodalidade e intermodalidade   137
4.3 Conhecimento de embarque   139
4.4 Tipos de cargas   141
4.5 Equipamentos de carga   145

Capítulo 5
Logística
5.1 Atividade logística   151
5.2 Avarias   152
5.3 Seguro de carga   154
5.4 Órgãos reguladores e normatizadores   169
5.5 Desafios do setor de seguros   170

Capítulo 6
Regimes aduaneiros
6.1 Regime aduaneiro   177
6.2 Desembaraço aduaneiro   187
6.3 Tributação em operações de comércio exterior   192
6.4 Siscomex   199

Considerações finais 207
Lista de siglas 209
Referências 213
Bibliografia comentada 219
Sobre a autora 223

apresentação

Desde as civilizações mais remotas, o comércio internacional tem participado do desenvolvimento socioeconômico de muitas nações. Atualmente, esse comércio é dinâmico, globalizado e interdependente, e continua a promover muitas economias.

A globalização e seus efeitos repercutiram sobremaneira nas nações, com destaque para as relações comerciais, promovendo a aproximação e o estabelecimento de relações de interdependência por meio de parcerias internacionais. Conforme as sociedades se estruturaram e se complexificaram, o comércio internacional institucionalizou-se. Assim, a nova dinâmica econômica mundial passou a demandar que as nações estejam inter-relacionadas, tanto comercial quanto financeiramente.

As operações de comércio exterior brasileiro são executadas por profissionais competentes, em órgãos públicos ou privados, que participam ativamente dessas negociações internacionais. Nessa perspectiva, este livro busca auxiliar o desenvolvimento de certas competências e habilidades relativas ao comércio exterior no que tange ao estudo dos termos técnicos. No contexto atual, de mudanças extremamente rápidas, que demandam respostas flexíveis e resilientes, conhecer as terminologias técnicas empregadas no comércio exterior constitui relevante instrumento às estratégias de atuação internacional, bem como auxilia a atuação profissional nessa área.

A respeito da organização desta obra, ela está subdivida em seis capítulos, ao longo dos quais é possível observar a distribuição de elementos iconográficos e exercícios resolvidos que visam orientar o estudo de conceitos específicos.

Trataremos, assim, no primeiro capítulo, da terminologia técnica aplicada ao comércio exterior, como organismos internacionais, visão macroeconômica, livre comércio e órgãos anuentes, bem como operações de comércio exterior e sua relação com os demais temas.

No segundo capítulo, veremos a terminologia técnica empregada em temas como moedas estrangeiras, regime de câmbio, contratos de câmbio, operações bancárias, carta de crédito e linhas de financiamento, relacionados à estrutura do comércio.

A terminologia técnica aplicada ao comércio exterior no que tange à gestão operacional será apresentada no terceiro capítulo, tema relacionado às métricas e à terminologia técnica dos organismos internacionais, dos órgãos anuentes e do livre comércio.

Já no quarto capítulo abordaremos temas como transporte internacional, modos/modais de transporte, tipos de cargas e equipamentos de cargas, trazendo a terminologia técnica aplicada ao comércio exterior no que se refere à logística de transporte internacional.

No quinto capítulo, por sua vez, versaremos sobre os seguros de cargas e a terminologia técnica aplicada ao comércio exterior nesse caso, abordando temas como transporte de cargas, avarias de cargas e seguro de cargas nacionais e internacionais.

Por fim, no sexto capítulo, traremos uma visão geral sobre os regramentos aplicáveis às relações aduaneiras, principalmente quanto aos aspectos legais e normativos do comércio exterior e de suas atividades correlatas.

Objetivamos, assim, orientar os profissionais da área e subsidiar sua prática no âmbito internacional, que, cada vez mais, necessita de sujeitos assertivos em assuntos globais, capazes de converter suas organizações em estruturas competitivas e eficientes.

A vocês, estudantes, pesquisadores, professores e demais interessados na temática de comércio exterior, desejamos excelentes reflexões.

Como aproveitar ao máximo este livro

Empregamos nesta obra recursos que visam enriquecer seu aprendizado, facilitar a compreensão dos conteúdos e tornar a leitura mais dinâmica. Conheça a seguir cada uma dessas ferramentas e saiba como estão distribuídas no decorrer deste livro para bem aproveitá-las.

Conteúdos do capítulo:
Logo na abertura do capítulo, relacionamos os conteúdos que nele serão abordados.

Após o estudo deste capítulo, você será capaz de:
Antes de iniciarmos nossa abordagem, listamos as habilidades trabalhadas no capítulo e os conhecimentos que você assimilará no decorrer do texto.

Para saber mais
Sugerimos a leitura de diferentes conteúdos digitais e impressos para que você aprofunde sua aprendizagem e siga buscando conhecimento.

Exercícios resolvidos

Nesta seção, você acompanhará passo a passo a resolução de alguns problemas complexos que envolvem os assuntos trabalhados no capítulo.

Perguntas & respostas

Nesta seção, respondemos às dúvidas frequentes relacionadas aos conteúdos do capítulo.

O que é?

Nesta seção, destacamos definições e conceitos elementares para a compreensão dos tópicos do capítulo.

Exemplificando
Disponibilizamos, nesta seção, exemplos para ilustrar conceitos e operações descritos ao longo do capítulo a fim de demonstrar como as noções de análise podem ser aplicadas.

Síntese
Ao final de cada capítulo, relacionamos as principais informações nele abordadas a fim de que você avalie as conclusões a que chegou, confirmando-as ou redefinindo-as.

Bibliografia comentada
Nesta seção, comentamos algumas obras de referência para o estudo dos temas examinados ao longo do livro.

Fundamentos da terminologia técnica de comércio exterior

Conteúdos do capítulo:

- Introdução à terminologia técnica de comércio exterior.
- Visão macroeconômica do comércio exterior.
- Blocos econômicos e livre comércio.
- Organismos internacionais.
- Órgãos anuentes.

Após o estudo deste capítulo, você será capaz de:

1. distinguir termos técnicos seminais empregados no comércio exterior;
2. contextualizar o comércio exterior e a sua relevância atual;
3. explicitar a visão macroeconômica do comércio exterior;
4. distinguir as áreas de atuação do livre comércio, identificando opções que exportadores e importadores têm à sua disposição atualmente;
5. tipificar os organismos internacionais, de forma a pontuar sua importância em operações internacionais;
6. definir o que são órgãos anuentes e precisar sua atuação nas operações de comércio exterior.

Neste contexto de mudanças mercadológicas extremamente rápidas, que demandam das organizações respostas flexíveis e resilientes, conhecer as terminologias técnicas empregadas no comércio exterior constitui um relevante instrumento mediador de estratégias de atuação internacional.

Uma das primeiras distinções técnicas a serem realizadas pelo profissional de comércio exterior compreende, justamente, a diferenciação entre comércio exterior e comércio internacional. Conforme proposto por Werneck (2011), **comércio internacional** compreende o conjunto de atividades de compra e venda de bens e de prestação de serviços em que o vendedor e o comprador se situam em países distintos. Por sua vez, o **comércio exterior** constitui o conjunto de atividades de compra e venda de bens e de prestação de serviços entre países e as demais nações. Logo, o comércio exterior está inserido no comércio internacional, no que tange às negociações comerciais.

Neste capítulo, apresentaremos a terminologia técnica aplicada ao comércio exterior, contemplando os organismos internacionais, a visão macroeconômica, o livre comércio e os órgãos anuentes. Focalizaremos, ainda, as operações de comércio exterior – importação e exportação – e sua relação com os demais temas.

capítulo 1

1.1 Comércio exterior

Vinhos chilenos dispostos nas prateleiras de uma rede de supermercados, equipamentos eletrônicos de origem americana, maquinário de tecnologia italiana, aparelhos celulares importados de Taiwan e sapatos provenientes da China são alguns dos muitos produtos que circulam, diariamente, na economia global.

Você já se perguntou por quais meios esses produtos chegam até os consumidores? Pois, então, isso é resultado de transações internacionais, as quais caracterizam o comércio exterior, cujo funcionamento possibilita a diversificação da produção nacional, o incentivo da competitividade e do crescimento econômico e a aceleração do desenvolvimento de segmentos.

Segundo define Keedi (2007, p. 23), a atividade de comércio exterior é aquela "em que se faz a compra, a venda e a troca de bens e serviços, bem como de circulação de capitais e mão de obra entre os países". As operações de comércio exterior são caracterizadas pela exportação e pela importação.

Vieira (2010) explica que, em 1988, o Brasil iniciou um processo de abertura comercial por meio de uma nova política que eliminou barreiras não tarifárias e reduziu as alíquotas de imposto de importação. Tais medidas atraíram novos mercados e produtos, em especial a importação de bens de capital e de tecnologia, como forma de estimular a competitividade da indústria nacional.

Para Souza (2003, p. 37) o comércio exterior corresponde ao

> *intercâmbio de mercadorias e serviços entre agentes econômicos que operam sob a égide da legislação nacional. Na prática do comércio exterior, ocorre o envolvimento das transações comerciais de cunho totalmente capitalista, sem a participação direta do governo nas operações comerciais, funcionando tão somente como normatizador e controlador das operações comerciais entre as empresas de diferentes países. Estas atividades e relações comerciais desenvolvidas pelas empresas comerciais constituem-se objeto de regulamentação pelo Direito Internacional Privado.*

Desse modo, uma das operações de comércio exterior é a exportação, que caracteriza a saída de bens de um país. Essa saída representa a especialização em termos produtivos da nação que exporta – isto é, ela exporta o excedente. A exportação é tipificada pela **entrada de divisas**, quando a moeda é utilizada fora de seu país de origem – ou seja, em outra divisa. Para Keedi (2007), por meio da exportação, um país pode escoar a parcela de sua produção, o que propicia maiores condições de desenvolvimento econômico, possibilitando, assim, maior integração no contexto da economia mundial.

A principal característica de países exportadores é o fornecimento de *commodities*. **Commodity** é o termo utilizado para designar mercadorias sem valor agregado. Comumente, é representada por matérias-primas negociadas em bolsas de valores específicas. São exemplos de *commodities* o petróleo, o minério de ferro, o grão de soja, o milho, o café etc.

Werneck (2011) complementa essa definição ao indicar que a exportação pode ser vista sob os seguintes ângulos: negocial, logístico, cambial e fiscal.

O aspecto **negocial** se caracteriza pelas atividades de negociação de preço, de condições de pagamento, de definição de termos internacionais de comércio (*International Commercial Terms* – Incoterms) e de elaboração de fatura comercial (*commercial invoice*) ou emissão de nota fiscal. O aspecto **logístico** compreende o planejamento das etapas necessárias à entrega do bem ao comprador. Já a abordagem **cambial** constitui a definição das moedas a serem utilizadas, as operações de câmbio e os processos de transferência. Por fim, o aspecto **fiscal** é responsável pela emissão de documentos de despacho e de desembaraço aduaneiro (exportação ou importação) e pelo recolhimento de tributos.

Para Vazquez (2009) a exportação é uma atividade capaz de proporcionar a abertura do país para o mundo, promovendo um confrontamento internacional, pois a nação exportadora pode assimilar técnicas e conceitos de negociação aos quais não teria acesso em seu mercado doméstico. Por esse motivo, atualmente a exportação tornou-se meta governamental, pois, além de subsidiar a formação de uma balança comercial positiva, contribui para o crescimento econômico nacional e para o posicionamento como uma grande nação exportadora.

Exemplificando

A exportação é um aspecto relevante da agenda econômica brasileira. Exemplo disso foi a aprovação da Lei n. 13.611, de 10 de janeiro de 2018 (Brasil, 2018), que instituiu o Dia Nacional do Exportador, a ser comemorado, anualmente, em 28 de janeiro. Tal posicionamento evidencia o apoio e o incentivo governamental à participação internacional do produtor brasileiro.

Já por meio da importação uma nação viabiliza à sua população bens a que comumente não teria acesso, como tecnologias, inovações, *know-how*, produtos e serviços diferenciados ante as opções do mercado interno. Em concordância com Keedi (2007, p. 23), "A importação [...] visa permitir ao país a obtenção das mercadorias que ele não tem condições ou não tem interesse em produzir, de modo a suprir eventuais falhas em sua estrutura econômica".

As importações desempenham um papel vital na economia de qualquer país desenvolvido, subdesenvolvido ou em desenvolvimento, pois nenhuma nação é totalmente autossuficiente; todos os países dependem, de alguma forma, do resto do mundo para suprir suas necessidades, e quanto mais desenvolvido e mais industrializado for um país, maior será sua necessidade de relacionamento com outros países (Schulz, 2000). Nesse sentido, é fato que o acesso a tecnologias e inovações e a disponibilidade destas propulsionam o desenvolvimento das organizações nacionais, ao passo que potencializam a produção de bens que, posteriormente, serão destinados à exportação.

Werneck (2011) tipifica a importação, sob o aspecto comercial, como a transferência de propriedade. Segundo ele, a importação concretiza-se quando do recebimento de um bem em local designado no exterior, em conformidade com as cláusulas contratuais. Desse modo, a importação representa a **saída de divisas**.

Assim como a exportação, a importação também compõe o escopo da agenda governamental, pois gera riqueza e colabora para o desenvolvimento econômico e social. Para Keedi (2011), o Brasil ainda tem de melhorar sua *performance* nesse campo econômico a fim de aumentar continuamente as exportações e, assim, fortalecer a economia e ampliar as importações.

Perguntas & respostas

Qualquer tipo de organização pode realizar operações de comércio exterior?
Sim, porém toda organização que deseje realizar operações de comércio exterior deve ter registro no Sistema Integrado de Comércio Exterior (Siscomex). Caso contrário, somente poderá realizar tais operações via organizações comerciais, como as *trading companies*, organizações que comercializam bens produzidos por terceiros nos mercados interno e externo, além de importarem bens para posterior comercialização doméstica.

Diante desse contexto, Keedi (2011) reforça a importância do comércio exterior para um país, destacando seu papel como impulsionador do crescimento econômico. Dornier et al. elencam três forças propulsoras desse setor: (1) a integração de funções internas; (2) a cooperação crescente entre as áreas de logística e as operações de diferentes elos das cadeias de suprimentos; e (3) a busca por melhorias na integração geográfica.

O Brasil, por exemplo, exporta alguns produtos de alto valor agregado, como aviões, maquinários e peças técnicas industriais. No entanto, no que tange ao mercado de exportações, sua atividade principal é o fornecimento de *commodities*, produtos que, como indicamos anteriormente, têm baixo valor agregado (produtos semimanufaturados, como óleo de soja, e matérias-primas, como grãos e minérios).

Sobre as exportações de manufaturados, Marconi e Rocha (2012, p. 857) explicam que

> *também desempenham papel relevante no processo de desenvolvimento econômico por serem importante componente da demanda agregada, estimulando a produção de manufaturados que geram encadeamentos produtivos e externalidades para outros setores (dada a necessidade de adaptarem-se aos padrões internacionais de produção).*

A participação brasileira no comércio exterior, contudo, ainda é muito inexpressiva, sendo urgente o contato direto e constante entre o governo e o meio empresarial, pois, somente assim, as fragilidades podem ser superadas e as relações de exportação podem se elevar ao patamar de manufaturados com valor agregado – e não somente de *commodities*.

As operações de importação realizadas no Brasil apresentam o mesmo nível de complexidade dos processos de importação de outras localidades do globo. Atualmente, todos os procedimentos de importação são informatizados e se encontram unificados em um sistema, o Siscomex (Brasil, 2016).

Para saber mais

Por meio do Siscomex, você pode conhecer os órgãos e os agentes atuantes no comércio exterior e saber quais deles estão interligados aos processos de importação e de exportação. Para saber mais sobre o Siscomex, acesse:

Siscomex – Sistema Integrado de Comércio Exterior. Disponível em: <http://siscomex.gov.br/>. Acesso em: 3 mar. 2022.

Keedi (2007) argumenta que o comércio exterior pode representar, em maior ou menor grau, um aspecto de diferenciação entre os países, podendo resultar na ampliação do mercado de consumo; no incremento de ganho de escala e de produtividade; no acesso a novos mercados fornecedores; na implantação de novas tecnologias; no aumento do fluxo monetário; na geração de empregos etc.

1.1.1 Balanço de pagamentos

Como vimos, as negociações no âmbito do comércio internacional são transacionadas em moedas estrangeiras, denominadas *divisas*. Geralmente, a principal moeda transacionada é o dólar americano; e as entradas e as saídas de divisas são contabilizadas pelo balanço de pagamentos.

Perguntas & respostas

No balanço de pagamentos são consideradas as operações de exportação e de importação?
Sim, mas não somente elas. Em transações comerciais internacionais (balança comercial), também são considerados investimentos externos, empréstimos e donativos.

O balanço de pagamentos sinaliza o *status* econômico de uma nação. Por exemplo, em determinado período do ano de 2019, um país registra grande quantidade de saídas de moedas estrangeiras para o exterior. Isso indica que houve muitas importações e que o país se encontra em uma situação deficitária – ou seja, sai mais moeda estrangeira do país do que entra. Assim, além de **deficitário**, o saldo do balanço de pagamentos pode ser **nivelado**, condição em que o volume de entrada de divisas é igual ao volume de saída, ou estar em *superávit*, condição em que o volume de entrada de divisas é maior do que o volume de saída (Vazquez, 2009).

A análise do balanço de pagamentos atua como instrumento de avaliação do comportamento de um país em suas transações com o exterior, bem como orienta a tomada de decisão de governos quanto às transações internacionais e mensura o impacto de tais decisões.

Exercício resolvido

Comércio internacional e *comércio exterior* são termos de uso corrente no contexto internacional, mas que apresentam diferentes definições e aplicações. Seja pelo comércio internacional, seja pelo comércio exterior, as nações podem negociar seus produtos e adquirir aqueles com limitação produtiva. Sobre isso, assinale a alternativa correta:

a. O comércio exterior corresponde a uma forma exclusiva de desenvolvimento de nações, colaborando para a melhoria da qualidade de vida populacional.

b. A operação de exportação viabiliza o desenvolvimento científico e tecnológico e a aquisição de mão de obra especializada – ou seja, por meio da exportação, uma nação negocia seu excedente.

c. O comércio exterior contribui para o bem-estar dos povos por meio do livre comércio de bens e de serviços.

d. O balanço de pagamento é um aspecto macroeconômico. Em uma condição de equilíbrio, o volume do montante que se exporta é maior que o importado.

Gabarito: c.

Feedback **do exercício**: O comércio exterior colabora para o desenvolvimento das nações e para a qualidade de vida populacional, mas não é destinado exclusivamente a isso. Ainda, a operação de importação viabiliza o desenvolvimento científico e tecnológico e a aquisição de mão de obra especializada. Já sobre o balanço de pagamento, a condição de equilíbrio determina que o volume do montante que se exporta seja igual ao volume do montante que se importa.

Em linhas gerais, Vazquez (2009) detalha que o balanço de pagamentos é estruturado em:

- balanço comercial;
- balanço de serviços;
- transferências unilaterais;
- balanço das transações correntes;
- balanço de capitais autônomos;
- erros e omissões;
- saldo do balanço de pagamentos; e
- balanço de capitais compensatórios.

A adequada análise desse aspecto macroeconômico sob o viés do comércio exterior – seja em uma posição deficitária, seja em uma posição superavitária – permite ao país avaliar tais efeitos sobre sua economia. Em condições de superávit, por exemplo, há a valorização excessiva da moeda nacional; o incremento do valor de produtos de exportação; o incremento de custos produtivos de matérias-primas, de insumos e internos; o aumento do custo de frete internacional; entre outros custos. Por sua vez, em condições de déficit, há a valorização da moeda estrangeira; a desvalorização da moeda nacional; e o aumento da inflação (Maia, 2011).

1.1.2 Câmbio

Quando duas nações mantêm relações comerciais entre si, entram, necessariamente, em contexto duas moedas. Para que as relações sejam equitativas, é necessária a fixação de uma equivalência entre ambas. Essa relação de equivalência é denominada *taxa de câmbio*, caracterizada como a medida de conversão da moeda nacional na moeda de outros países.

Na percepção de Marconi e Rocha (2012, p. 862): "Ao definir a relação entre os preços dos bens comercializáveis e não comercializáveis, a taxa de câmbio influi sobre o grau de competitividade externa de um país". Por exemplo, no caso da moeda brasileira, o real (R$), se for convertida para a moeda americana, o dólar ($), na data de 4 de janeiro de 2022, terá a seguinte equivalência comercial: para cada dólar americano, serão necessários R$ 5,70.

A determinação da taxa de câmbio pode ocorrer de duas formas:

1. **institucional**: se as autoridades econômicas fixarem a taxa de câmbio;
2. **mercadológico**: por meio do movimento do mercado e de seu comportamento empregam-se taxas flutuantes.

Nesse sentido, em operações de exportação e de importação, é necessário que o profissional de comércio exterior esteja atento ao câmbio, visto que suas relações comerciais demandam constante conversão de moedas, além de seguir parâmetros de contratação, negociação e liquidação (Werneck, 2011).

Perguntas & respostas

Como os profissionais de comércio exterior aplicam o câmbio em suas operações?

Nas negociações internacionais de compra e de venda, são utilizadas as moedas específicas de cada país. Como já vimos, essas moedas precisam ser equiparadas para haver uma justa e adequada negociação. A simples conversão não assegura o processo; são necessárias etapas como a contratação, a negociação e a liquidação.

De acordo com Werneck (2011), a **contratação** ocorre quando a moeda estrangeira é convertida em moeda nacional, e vice-versa. Tal operação deve ser realizada por instituição financeira autorizada pelo Banco Central. A **negociação** compreende a apresentação de documentação relacionada ao embarque de mercadorias. Essa etapa é a que assegura que o Banco Central conseguirá realizar a cobrança no exterior. Na **liquidação** ocorre a tramitação de envio da moeda estrangeira entre os bancos do exportador e do importador.

Os regimes cambiais aplicados ao Plano Real podem ser assim apresentados:

- **1994**: O câmbio era fixo e a conversão era de R$ 1,00 por dólar.
- **1995 e 1999**: O câmbio foi mantido fixo, mas o Banco Central permitia um regime em que o câmbio "deslizava" entre limites de crescimento e de queda da taxa.
- **Após 1999**: passou-se a aplicar o câmbio flutuante, em que a taxa acompanha o movimento de demanda e de oferta.

O câmbio está intimamente relacionado aos preços praticados por produtos exportados e importados, o que, consequentemente, impacta o resultado da balança comercial de um país, pois, se a taxa de câmbio estiver elevada, as exportações serão estimuladas e haverá maior oferta de divisas (Werneck, 2011).

1.2 Blocos econômicos e o livre comércio

O comércio, desde as civilizações mais antigas, auxilia o desenvolvimento socioeconômico das nações. Atualmente, ele continua a contribuir nesse sentido, porém de forma ainda mais dinâmica e com forte relação de interdependência entre os países. Trata-se de uma realidade global, e as nações já não podem mais cogitar a possibilidade de não estabelecer relações e ações conjuntas.

Keddi (2007, p. 23) corrobora esse raciocínio quando afirma: "quanto maior a integração entre os povos maior pode ser o benefício auferido pelo país e seus cidadãos no envio de mercadorias de sua produção e no recebimento delas de terceiros países". Assim, o comércio internacional torna-se uma ponte pela qual economias transacionam seus produtos, serviços e capitais; movimento que pode promover investimentos e, por consequência, estimular o crescimento nacional por meio das relações estabelecidas.

> **Perguntas & respostas**
>
> **Quais caminhos levaram o comércio às atuais relações internacionais de interdependência?**
> Traçando uma linha cronológica de eventos, o início remonta as primeiras trocas realizadas pelos fenícios, passando pelas práticas romanas, pelas relações mercantilistas, pelo advento da Revolução Industrial, pelas bases do liberalismo, pela Grande Depressão de 1929, pelas Grandes Guerras e, enfim, chegando à globalização.

A **globalização**, no contexto estudado, pode ser compreendida como o processo transformador de ordem política e econômica que viabilizou o rompimento de barreiras, permitindo a abertura e o acesso ao comércio e ao capital internacional. Seguindo essa perspectiva, estudos como os de Vieira (1998, p. 73) já apontavam a globalização como sendo:

> *uma nova configuração espacial da economia mundial, como resultado geral de velhos e novos elementos de internacionalização e integração. Mas se expressa não somente em termos de maiores laços e interações internacionais, como também na difusão de padrões transnacionais de organização econômica e social, consumo, vida ou pensamento, que resultam do jogo das pressões competitivas do mercado, das experiências políticas ou administrativas, da amplitude das comunicações ou da similitude de situações e problemas impostos pelas novas condições internacionais de produção e intercâmbio.*

A globalização não representa um processo uniforme, pois, ao atingir as diferentes nações, não o faz da mesma forma. Logo, a abertura e o acesso anteriormente indicados não ocorrem no mesmo nível, seja no âmbito econômico, seja no âmbito social.

O Brasil não ficou à margem dessa realidade, uma vez que a crescente competitividade global levou a indústria brasileira a adotar, progressivamente, inovações, de forma a assegurar seu espaço de atuação. Assim, reafirmamos que o comércio internacional existe como resposta à impossibilidade de autossuficiência das nações, pois, "ainda que um país tentasse ser autossuficiente, os custos de tal processo seriam de tal ordem que não compensariam os esforços" (Foschete, 1999, p. 17).

Diante dessa constatação, nota-se que a tendência global é a ampliação de suas negociações internacionais, sendo esse um processo cada vez mais comum, necessário, relevante e estratégico. Neste momento, chegamos ao ponto central deste tópico: os blocos econômicos e o livre comércio.

O **Mercado Comum do Sul** (**Mercosul**) estabelece uma integração, inicialmente econômica, entre os seguintes países: Brasil, Argentina, Uruguai, Paraguai, Venezuela e Bolívia (este ainda em processo de adesão), formando, assim, um bloco econômico. Tal união visa ao fortalecimento das economias e à obtenção de maior representatividade perante os demais blocos econômicos e a economia mundial.

Figura 1.1 – Mercosul

Cumpre comentar que a Venezuela está suspensa do bloco desde 2016, conforme indicado na imagem, e sinalizar a existência de países associados, quais sejam: Chile, Bolívia, Colômbia, Equador, Guiana, Suriname e Peru.

Maia (2011, p. 347) indica que a função seminal de um bloco econômico é promover o comércio de determinada região. "Com isso, criam maior poder de compra nos países componentes, elevando o nível de vida de seu povo. Como o mercado passa a ser disputado também por empresas de outros países-membros do bloco econômico, cresce a concorrência, o que gera a melhoria da qualidade e a redução de custos".

Assim, operar por meio de blocos econômicos viabiliza um melhor posicionamento das nações no cenário mundial, pois, por meio deles, as nações menores podem usufruir de acordos comerciais e financeiros mais favoráveis à sua economia, ao passo que se desenvolvem social e economicamente.

Perguntas & respostas

Qual é a diferença entre os termos *acordos comerciais* **e** *parcerias comerciais,* **muito empregados na área de comércio exterior?**

Acordos comerciais compreendem estruturas que estabelecem as condições de comércio entre países ou blocos econômicos; auxiliam em processos de abertura comercial; instrumentalizam as partes quanto aos regramentos da negociação; reduzem os efeitos de barreiras não tarifárias; habilitam o fomento de investimentos etc. Já **parcerias comerciais** abarcam processos pelos quais organizações de diferentes países somam recursos para o alcance de um objetivo.

O estabelecimento de acordos comerciais contribui para o incremento das exportações e, consequentemente, reforça a competitividade e a inovação de economias, bem como reduz custos decorrentes de operações internacionais. São exemplos os acordos de livre comércio, de preferência tarifária etc.

No âmbito internacional, a parceria comercial atua como uma estratégia aos processos de internacionalização ou incremento de sua atuação no exterior. Por meio de uma parceria comercial é possível, por exemplo, facilitar a entrada em países ou blocos econômicos desejados.

Um estudo conduzido por Kunzler (1999) identificou cinco etapas que caracterizam a constituição de blocos econômicos:

1. Estabelecimento de uma **zona de livre comércio** na qual as mercadorias dos países integrantes possam circular livremente. As tarifas alfandegárias, nessa zona, são eliminadas e há a flexibilização dos padrões de produção e de controle sanitário e fronteiriço.
2. Estabelecimento de uma **união aduaneira** que defina as tarifas alfandegárias comuns a serem empregadas no comércio com outros países.
3. Estabelecimento de um **mercado comum** que observe os requisitos das duas primeiras etapas e inclua a livre circulação de pessoas, de serviços e de capitais entre os países-membros.
4. Estabelecimento de uma **união monetária** cuja realização depende de que haja um mercado comum, a fim de que as políticas econômicas dos países integrantes sejam coordenadas e se crie um único banco central para emissão da moeda a ser utilizada por todos.
5. Estabelecimento de uma **união política**, o que abrange todas as etapas anteriores, envolvendo a unificação das políticas de relações internacionais, de defesa e de segurança dos países-membros.

As alianças estratégicas representam a consciência de organizações e de países quanto à necessidade de sobrevivência. Optar por estabelecer alianças é perceber a possibilidade de crescimento mútuo em determinadas situações (Mosso, 2010). Harbison e Pekar Jr. (1999) apontam as seguintes características das alianças estratégicas: compromisso; elo de participação e compartilhamento de capacidades; relação recíproca; fortalecimento dos envolvidos; e disposição para alavancar as capacidades essenciais.

Algumas dessas características serão observadas, com mais ou menos intensidade, nas relações dos blocos econômicos.

1.2.1 Blocos econômicos

Com o passar do tempo, os países perceberam que o isolamento e a autossuficiência já não faziam parte da realidade global, sendo necessário se adequarem a uma nova realidade, sobretudo para se protegerem economicamente e garantirem um bom posicionamento externo. Lopez e Gama (2010) indicam os seguintes pontos como relevantes para as relações internacionais:

- a possibilidade de acesso aos produtos, às atividades correlacionadas e aos mercados externos via preferências tarifárias;
- a complementação e a liberalização gradativa do comércio;
- a orientação comum sobre políticas comerciais, regras de concorrência, questões ambientais e crescimento social.

Logo, podemos entender *bloco econômico* como um conjunto de medidas direcionadas à aproximação e à união de economias com vistas ao crescimento mútuo, seja em âmbito econômico, seja nos âmbitos político e social. A seguir, destacamos alguns exemplos de blocos econômicos e suas principais características.

Associação Latino-Americana de Integração (Aladi)

A Associação Latino-Americana de Integração (Aladi) constitui uma zona preferencial entre os seguintes países: Argentina, Bolívia, Brasil, Chile, Colômbia, Cuba, Equador, México, Panamá, Paraguai, Peru, Uruguai e Venezuela. As ações dessa associação visam: eliminar, gradualmente, os obstáculos ao comércio recíproco; formar e fortalecer vínculos de solidariedade e de cooperação; promover o desenvolvimento econômico e social; fomentar a integração latino-americana; e criar uma área de preferências econômicas (Lopez; Gama, 2010).

Figura 1.2 – Países integrantes da Aladi

Perguntas & respostas

A Aladi opera no modelo de zona preferencial. O que compreende essa zona?
Uma zona preferencial é a união de países que adotam tarifas preferenciais – em geral, menores – para aplicação em suas negociações comerciais dentro do bloco. Portanto, as tarifas aplicadas entre os países-membros são diferentes das aplicadas aos países que não fazem parte do bloco.

Diferentemente da zona preferencial, blocos econômicos buscam eliminar as tarifas (comércio livre de tarifas) negociadas entre os países integrantes. Há, ainda, liberdade e autonomia quanto à definição de estratégias tarifárias em negociações com países de fora do bloco. Contudo, para o livre comércio, é necessária a comprovação de procedência da mercadoria que se negocia – isto é, apresentar um certificado de origem.

O *certificado de origem*, como o próprio nome sugere, é um documento oficial que atesta a origem da mercadoria do país exportador. Além de habilitar a livre circulação do produto, também atesta os requisitos de produção e de controle estabelecidos dentro do bloco. O certificado de origem é emitido por órgão competente.

North American Free Trade Agreement (Nafta) ou Acordo de livre comércio da América do Norte

O *North American Free Trade Agreement*, mais conhecido pela sigla Nafta, ou, em português, Acordo de livre comércio da América do Norte, é um bloco econômico constituído por Canadá, Estados Unidos e México.

Figura 1.3 – Países integrantes do Nafta

As ações desse bloco visam: eliminar as barreiras tarifárias (na importação); facilitar o fluxo de produtos e de serviços entre os países; e fomentar a cooperação e a competição justa dentro de sua área de livre comércio (Maia, 2011; Morini, 2008).

Cumpre destacar que, embora seja um bloco econômico, existem restrições no que tange à circulação de pessoas, principalmente entre México e Estados Unidos. Os Estados Unidos exercem um forte controle de imigração sobre o México.

Para saber mais

Assista ao documentário da *Folha de São Paulo* sobre a imigração mexicana para os Estados Unidos, que aborda os impasses gerados pela restrição de circulação de pessoas. Entre outras questões, evidencia-se a proposta de Donald Trump de criar um muro na fronteira dos dois países. Embora não tenha sido concretizada, a proposta se materializa nas muitas barreiras físicas deixadas pelos governos anteriores de Barack Obama, George W. Bush e Bill Clinton. Além disso, pontuam-se as contradições de um mundo interconectado que ainda mantém erguidos muros e cercas como forma de isolar os considerados indesejáveis.

FOLHA DE S.PAULO. **Especial – Um mundo de muros**: México e Estados Unidos. Disponível em: <https://www.youtube.com/watch?v=s6-UB4SiB8I>. Acesso em: 3 jan. 2022.

Mercado Comum do Sul (Mercosul)

Os países fundadores do Mercosul são: Brasil, Argentina, Paraguai e Uruguai. Soares (1997) menciona que, com a abertura econômica e a crescente concorrência, os quatro países viram, em sua união, uma forma de enfretamento à concorrência internacional.

De acordo com Foschete (1999, p. 136), na assinatura do Tratado de Assunção, em 1991, foram definidos:

> *Um programa de liberalização comercial, consistindo de reduções tarifárias progressivas (até se atingir a tarifa zero em 31/12/1994), acompanhadas de eliminação de restrições não tarifárias;*
>
> *A coordenação de políticas macroeconômicas, que se realizaria gradualmente e de forma convergente com os programas de desgravação tarifária e eliminação de restrições não tarifárias;*
>
> *Uma tarifa externa comum, que incentivaria a competitividade externa dos Estados-Parte e promoveria economias de escala eficientes;*
>
> *Constituição de um Regime Geral de Origem, de um Sistema de Solução de Controvérsias e Cláusulas de Salvaguardas;*

A definição de listas de exceções ao programa de liberação comercial que contemplassem os chamados "produtos sensíveis", as quais seriam reduzidas anualmente em 20%, até 31/12/1994, com tratamento diferenciado para o Paraguai e o Uruguai.

Destaca-se, ainda, a inclusão de protocolos adicionais em 1991 e 1994. Como bloco econômico, o Mercosul opera na condição de união aduaneira, ou seja, emprega uma política comercial comum aos países não membros pela adoção de uma tarifa externa comum (TEC), que foi inicialmente implementada no Brasil pelo Decreto n. 1.343, de 23 de dezembro de 1994 (Brasil, 1994).

O objetivo da TEC é promover a padronização de alíquotas entre os países-membros do bloco. Assim, todas as nações do bloco praticam a mesma alíquota de importação para as mercadorias comercializadas internamente e obtêm desconto de 100% dessa alíquota em operações de importação com os membros do bloco, desde que sejam observados os critérios necessários, como a apresentação do certificado de origem de mercadoria. Por exemplo, consideremos que a importação de um veículo apresenta TEC de 30%. Nesse caso, quando um membro do bloco desejar negociar (importar) esse veículo com um país externo ao bloco, o importador deverá aplicar a alíquota de 30%. Contudo, se a operação de importação ocorrer entre países-membros do bloco, a alíquota aplicada será de 0% (100% de desconto).

União Europeia (UE)

Uma característica do bloco da União Europeia (UE) é a sua integração econômica e monetária. Sua instituição ocorreu em 1992, pelo Tratado de Maastricht, que objetivava a livre circulação de mercadorias, serviços, pessoas e capitais; trata-se de uma política externa e de segurança comuns, cuja moeda única é o Euro.

Perguntas & respostas

O que caracteriza uma união econômica e monetária?
Uma união econômica e monetária é caracterizada pelo livre comércio de mercadorias; pelo estabelecimento de uma política externa comum aos países que não compõem o bloco; pela livre circulação de pessoas e de capital; pela adoção de moeda única; pela unificação de políticas macroeconômicas e de políticas sociais; e por um único banco central. Uma constante dessa modalidade é que o bloco é maior do que os membros que o compõem.

A UE é composta, atualmente, por 27 países: Alemanha, Grécia, Áustria, Hungria, Bélgica, Irlanda, Bulgária, Itália, Tchéquia, Letónia, Chipre, Lituânia, Croácia, Luxemburgo, Dinamarca, Malta, Eslováquia, Países Baixos, Eslovénia, Polónia, Espanha, Portugal, Estónia, Roménia, Finlândia, Suécia e França. Entretanto, em 31 de janeiro de 2020, o Reino Unido deixou oficialmente o bloco.

Figura 1.4 – Países-membros da União Europeia

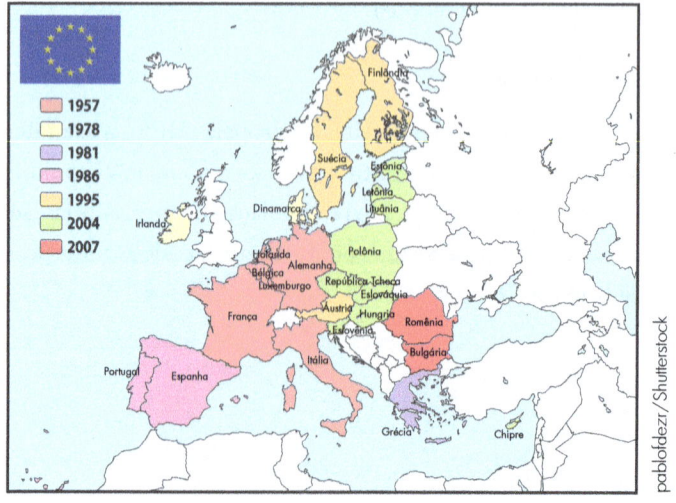

Para saber mais

Acesse o sítio oficial da União, caso deseje buscar informações e conhecer os serviços prestados pelo bloco. Nesse endereço, é possível consultar informações gerais sobre seu funcionamento, notícias e eventos, bem como acessar dados de instituições e agências da UE. Esse sítio é gerido pela Direção-Geral de Comunicação da Comissão Europeia em nome das instituições da UE.
UNIÃO EUROPEIA. Disponível em: <https://europa.eu./>. Acesso em: 3 mar. 2022.

O comércio exterior apresenta relevante influência sobre a economia, sobre a política e sobre o desenvolvimento das nações. Nesse viés, o Brasil, mesmo integrando o Mercosul, negocia e estabelece acordos bilaterais com parceiros internacionais, de forma a intensificar suas negociações em segmentos específicos, como os Acordos de Complementação Econômica (ACE), visando ao enfrentamento de novos desafios.

No que tange às negociações internacionais e ao comércio exterior, o Brasil celebra os seguintes acordos, conforme Bueno (2021):

- Preferência Tarifária Regional entre países da Aladi (PTR-04);
- Acordo de Sementes entre países da Aladi (AG-02);
- Acordo de Bens Culturais entre países da Aladi (AR-07);
- Brasil – Uruguai (ACE-02);
- Brasil – Argentina (ACE-14);
- Mercosul – Chile (ACE-35);
- Mercosul – Bolívia (ACE-36);
- Brasil – México (ACE-53);
- Mercosul – México (ACE-54);
- Automotivo Mercosul – México (ACE-55);
- Mercosul – Peru (ACE-58);
- Mercosul – Colômbia, Equador e Venezuela (ACE-59);
- Mercosul – Cuba (ACE-62);
- Brasil – Venezuela (ACE-69);
- Mercosul – Colômbia (ACE-72);
- Brasil – Paraguai (ACE-74);

- Brasil, Guiana, São Cristóvão e Névis (AAP.A25TM-38);
- Brasil – Suriname (AAP.A25TM-41).

A seguir, destacamos, conforme Bueno (2021), outros acordos comerciais celebrados pelo Brasil e demais membros do Mercosul com países fora da Aladi.

- Mercosul – Índia;
- Mercosul – Israel;
- Mercosul – Sacu;
- Mercosul – Egito.

Observe os muitos acordos de que o Brasil mantém além do Mercosul, o que amplia e aproxima sua rede de parcerias, promovendo o compartilhamento de tecnologias e de conhecimentos, ao passo que propulsiona suas atividades internacionais e o desenvolvimento de sua economia.

Exercício resolvido

Acordos de livre comércio e formação de blocos econômicos são instrumentos importantes para o incremento de práticas de comércio exterior, visto que ampliam o acesso a mercados internacionais, além de promover o fluxo doméstico de produtos estrangeiros, contribuindo para o desenvolvimento nacional. Sobre isso, analise as alternativas a seguir e indique a que **não** se relaciona ao exposto:

  a. Tais práticas objetivam a eliminação de tarifas alfandegárias e a definição de critérios de importação e de exportação de bens e serviços.

  b. A zona de livre comércio compreende um dos estágios de integração econômica de blocos.

  c. A diferença entre união aduaneira e zona de livre comércio está no fato de que, naquela, as tarifas alfandegárias são substituídas por uma tarifa externa comum a todos os países-membros, enquanto nesta a política tarifária segue o que é especificado por cada país.

  d. A união aduaneira compreende países que adotam tarifas preferenciais – em geral, menores – para as negociações comerciais dentro do bloco.

Gabarito: d.

***Feedback* do exercício**: A alternativa "d" não se relaciona ao contexto apresentado, uma vez que a zona preferencial – não a união aduaneira – compreende a união de países que adotam tarifas preferenciais – em geral, menores – para negociações comerciais dentro do bloco.

1.3 Organismos internacionais

Com a intensificação das relações internacionais, há uma preocupação mundial quanto aos rumos que o comércio internacional e as suas relações podem assumir. Nesse contexto, os conflitos ganham destaque, uma vez que podem interferir na efetividade e na continuidade de práticas e negociações comerciais internacionais.

Com o crescimento do comércio internacional, várias organizações internacionais surgiram visando prover meios e ferramentas que facilitassem tal integração (Manfré, 2009). Dessa forma, foi necessário criar um organismo internacional apto a supervisionar e controlar as atividades e as negociações comerciais em nível global e direcionar e acompanhar possíveis conflitos de interesses. Esse organismo é conhecido, atualmente, como **Organização Mundial do Comércio** (OMC). Para se chegar a essa formação, porém, foram muitas as rodadas de negociações.

De forma a regrar as ações de comércio internacional, em 1947 foi instituído o Acordo Geral de Tarifas e Comércio Internacional (*General Agreement on Tariffs and Trade*, GATT), o qual regulamentava as relações comerciais entre as nações e foi a base para o estabelecimento da OMC; esse organismo, contudo, era mais abrangente e independente perante o cenário internacional.

Segundo Manfré (2009, p. 11, grifo do original), a ação do GATT culminou na:

> elaboração de uma estrutura de códigos de mais de 40 mil produtos de forma a harmonizar a identificação de mercadorias, controlando assim os exageros cometidos em prol do "protecionismo" dos países em favor de suas indústrias, acelerando assim o processo de integração mundial há muito iniciado, atualmente denominado GLOBALIZAÇÃO.

A elaboração das estruturas de códigos indicada por Manfré (2009) foi constituída pelo GATT ao longo do tempo, em encontros periódicos multilaterais denominados *Rodadas do GATT*. Em tais encontros eram debatidos, negociados e acordados temas como liberalismo comercial, ampliação do acordo e definição de regras para as negociações internacionais.

Um levantamento conduzido por Gonçalves et al. (1998) sumarizou as principais Rodadas do GATT da seguinte forma:

- **1ª Rodada (1947)**: Realizada em Genebra, na qual ocorreu a assinatura do acordo, contou com a presença de 23 membros iniciais, incluindo o Brasil.
- **2ª Rodada (1948-1949)**: Ocorrida na França, na qual os 13 países participantes focaram o debate em concessões tarifárias.
- **3ª Rodada (1950-1951)**: Sucedida no Reino Unido, com a participação de 38 países, na qual se debateu questões tarifárias.
- **4ª Rodada (1955-1956)**: Realizada em Genebra, com a participação de 26 países, seu principal objetivo foi a ampliação do número de países signatários.
- **5ª Rodada (1960-1961)**: Ocorrida em Dillion, da qual participaram 26 países-membros, cuja discussão focalizou a tarifa externa comum.
- **6ª Rodada (1964-1967)**: Sucedida em Kennedy, na qual o número de países signatários aumentou consideravelmente: 62 membros. A rodada foi marcada pela discussão de questões tarifárias e não tarifárias, com ênfase na redução de tarifas sobre produtos manufaturados.
- **7ª Rodada (1973-1979)**: Ocorrida em Tóquio, no Japão, da qual participaram 102 países, cujo debate foi sobre as métricas tarifárias e não tarifárias.
- **8ª Rodada (1986-1994)**: Também conhecida como *Rodada do Uruguai*, foi a última realizada pelo GATT, contando com a participação de 123 países. Nesse encontro, foi instituída a OMC, e temas como questões tarifárias, não tarifárias, serviços e propriedade intelectual (patente, direito autoral, marca, desenho e segredo industrial) foram debatidos.

Logo, as rodadas atuaram como instrumentos comprobatórios de que um sistema multilateral de suporte e de fomento ao desenvolvimento econômico e comercial tinha relevância, o que resultou na instituição da já mencionada OMC, em 1995.

Perguntas & respostas

Qual é a função da OMC?
A OMC tem, atualmente, as seguintes funções:
- aplicar e administrar acordos comerciais, normas, procedimentos, conflitos de interesse e controvérsias;
- conduzir a revisão de políticas comerciais; e
- atuar como foro de negociações multilaterais.

Sua ação também abrange as seguintes áreas de atuação: comércio de bens, comércio de serviços, comércio dos direitos da propriedade intelectual e acordos regionais de comércio.

Lopez e Gama (2010) caracterizam a função da OMC como a busca da melhor solução para um conflito comercial internacional. Quando há a necessidade de dirimir controvérsias, o Órgão de Solução de Controvérsias (OSC) aplica a súmula dos procedimentos de um painel (aqui podemos compreender *painel* como o conjunto de membros técnicos relacionados ao tema em questão, que auxiliarão na determinação da solução do conflito), quais sejam:

- **Fase inicial:** A parte reclamante apresenta suas razões de contestação.
- **Audiência:** A parte reclamante apresenta as razões indicadas aos membros do painel.
- **Réplica:** As partes se manifestam a respeito do reclamado.
- **Perícia:** Em caso de tratativas técnicas e/ou científicas, é nomeado, pelo painel, um perito (especialista) responsável pela elaboração de laudo.

- **Intermediária**: Com o laudo finalizado, o painel o apresenta às partes interessadas e busca, junto a elas, a necessidade de revisões (novas considerações).
- **Conclusões iniciais**: Após a fase intermediária, o painel apresenta as conclusões iniciais sobre a controvérsia. As partes podem, conforme a necessidade, solicitar revisão dessas conclusões.
- **Revisão**: Quando for necessário e solicitado, o painel realiza um reexame das conclusões iniciais. Aqui, salienta-se que, mesmo sem um parecer final do painel, as partes, se assim definirem mutuamente, podem alcançar um acordo.
- **Relatório final**: A decisão é entregue às partes envolvidas e tornada pública para os demais membros da OMC. Caso existam infrações, estas são registradas.
- **Decisão final**: Nesta fase, o que for apresentado pelo painel é definitivo, embora seja passível de apelação em órgão competente.

Assim, a OMC passa a assumir mais credibilidade e mais imparcialidade em suas ações; suas decisões passam a adquirir mais força perante seus membros, ao passo que reafirmam a necessidade de sua existência enquanto órgão regulador das relações internacionais. Gonçalves et al. (1998) indicaram que os principais objetivos da constituição da OMC compreendiam:

- a melhoria do padrão de vida de seus países-membros;
- o incremento da produção e do comércio de bens e de serviços;
- a proteção e a preservação do meio ambiente;
- a garantia de participação de países em desenvolvimento no comércio internacional; e
- o fomento de um sistema multilateral e sustentável de comércio.

Dallari (2003), por sua vez, apresenta como sendo os princípios da OMC:

- **Princípio da não discriminação**: Veta o tratamento discriminatório entre os países-membros da OMC, exceto em acordos de livre comércio.

- **Princípio do tratamento nacional:** Assegura que bens nacionais e bens estrangeiros recebam o mesmo tratamento quando estiverem disponíveis no mercado doméstico de seus países-membros.
- **Princípio da reciprocidade:** Os países menos desenvolvidos não têm a obrigatoriedade de redução de tarifas.
- **Princípio do *Single Undertaking*:** Os novos membros da OMC devem submeter-se às regras já existentes.
- **Princípio da transparência:** Há a obrigatoriedade de os países-membros publicarem e permitirem acesso dos demais às suas regras de comércio internacional.
- **Princípio válvula de escape *(Safety Valves)*:** Trata-se de permissão de restrição ao comércio em determinadas circunstâncias. Aplica-se somente às seguintes situações: medidas comerciais com vistas ao atendimento de questões de saúde pública e/ou segurança nacional; utilização de medidas de defesa comercial; e razões econômicas.

O que é?

Uma **medida de defesa comercial** corresponde a intervenções que uma economia impõe às outras com as quais estabelece negociações comerciais – em especial, em operações de importação. As intervenções visam à proteção dos setores industriais quanto ao impacto da entrada de importações que representem práticas desleais. Essa modalidade de entrada faz com que o produto estrangeiro "invada" o mercado doméstico, o que prejudica a economia nacional e determinados segmentos da economia. As medidas de defesa comercial são classificadas em: *antidumping*; subsídios e medidas compensatórias; e salvaguardas.

Também constituem organismos de relevante destaque no cenário internacional o **Fundo Monetário Internacional (FMI)** e o **Banco Internacional de Reconstrução e Desenvolvimento (Bird)**.

Segundo Foschete (1999), o FMI foi criado com o intuito de viabilizar um sistema multilateral de comércio e de pagamentos internacionais; enquanto o Bird, mais conhecido como *Banco Mundial*, teve sua criação direcionada ao financiamento dos processos de reconstrução de países destruídos pelas guerras e à viabilização de programas e projetos de crescimento econômico.

Leite (2011) constatou que, mesmo após a criação da OMC, em termos práticos, há, ainda, muito protecionismo por parte de certas nações, isso porque, muitas vezes, o comércio internacional não constitui prioridades, focando, principalmente, a tratativa de atividades comerciais de âmbito interno. No entanto, a comunidade internacional tem atuado de forma a definir práticas de livre concorrência e de eliminar tais condutas protecionistas.

Exercício resolvido

Blocos econômicos constituem uma relevante estratégia comercial de países que desejam se aproximar e intensificar suas relações internacionais. Devido a isso, e a muitas outras formas de aproximação comercial suscitadas pela globalização, fez-se necessária a criação de organismos capazes de orientar, supervisionar e regulamentar tais relações. Com base nisso, indique a alternativa correta:

a. As controvérsias estão sob a égide do Órgão de Solução de Controvérsias (OSC), o qual limita sua atuação à apresentação das conclusões, após uma perícia.

b. Observar a efetividade e a continuidade das negociações comerciais internacionais constitui exemplo de atuação de organismos internacionais, além de direcionar e acompanhar possíveis conflitos de interesse.

c. Um dos princípios da OMC é o do *Single Undertaking*, que assegura aos bens nacionais e aos bens estrangeiros o mesmo tratamento.

d. Uma medida de defesa comercial compreende formas de negociação em que apenas uma economia estabelece às outras as negociações de exportação.

Gabarito: b.

***Feedback* do exercício**: A resolução de controvérsias pelo OSC não se limita à elaboração de conclusões após a perícia, mas se estende até a revisão e a construção do relatório final. O princípio do *Single Undertaking* impõe que os entrantes na OMC devem submeter-se às regras já existentes, sem requisitos de anterioridade. A medida de defesa comercial compreende mecanismos de intervenção econômica, em especial, para operações de importação.

Portanto, a OMC desempenha relevante papel na regulação e na resolução de controvérsias no comércio internacional. Esse organismo é guiado por princípios específicos de isonomia, previsibilidade e transparência que auxiliam a aplicação das regras às negociações internacionais, conferindo à OMC o *status* de instrumento regulador e propulsor do livre comércio e do desenvolvimento econômico, político e social.

Para saber mais

Atualmente, a OMC conta com 164 países-membros, conforme indica o *site* oficial da WTO, o qual fornece informações gerais sobre a OMC, como últimas notícias, eventos, temas comerciais e informações sobre seus países-membros. Trata-se de um portal que tanto profissionais da área de comércio exterior quanto estudantes e pessoas interessadas no tema podem utilizar como base para suas pesquisas, pondendo ser consultado no seguinte endereço eletrônico:

WTO – World Trade Organization. **Home**. Disponível em: <www.wto.org>. Acesso em: 3 jan. 2022.

1.4 Órgãos anuentes

Antes de comentarmos sobre os órgãos anuentes, cabe destacar que as instituições brasileiras envolvidas com o comércio exterior têm a descentralização como denominador comum. Isso significa que não há um órgão que represente os interesses nacionais. Atualmente, o Ministério da Indústria, Comércio Exterior e Serviços (MDIC) se encontra sob a égide do Ministério da Economia, embora mantenha sua orientação às ações de comércio internacional e de comércio exterior.

Nessa perspectiva, Werneck (2011) explica que o Estado pode exercer diversos papéis ao mesmo tempo em busca de objetivos predefinidos. Por exemplo, ele pode atuar como negociador no mercado externo, visando à obtenção de vantagens, ao mesmo tempo em que combate as ações de limitação impostas por outros países; além disso, pode desempenhar um papel de promotor e auxiliar as organizações nacionais a atingirem o mercado externo.

Independentemente da forma pela qual se apresente a estruturação do comércio exterior brasileiro, sobretudo devido às mudanças de governos, suas instituições se mantêm organizadas, de forma a atender os objetivos e a promover o comércio internacional. Sendo assim, essa área está organizada em subáreas de competência e responsabilidade, quais sejam: política de comércio exterior, política fiscal e política financeira.

Pelo viés do comércio exterior, a gestão ocorre por áreas de competências subdivididas e organizadas em órgãos anuentes e gestores. Atualmente, os órgãos gestores e anuentes ocupam relevante espaço no comércio exterior, pois podem ou não liberar a entrada de mercadorias no país.

Os **órgãos gestores** são responsáveis pela administração, pela manutenção e pelo aprimoramento do Siscomex dentro de sua área de competência. São órgãos gestores: "Receita Federal do Brasil (RFB), responsável pelas áreas aduaneira, fiscal e tributária; Secretaria de Comércio Exterior (SECEX), responsável pelas áreas administrativa e comercial; e Banco Central do Brasil (BACEN), responsável pelas áreas financeiras e cambial" (Brasil, 2016, p. 54).

Os órgãos anuentes averiguam se as mercadorias, nas operações de comércio exterior, encontram-se em conformidade com os requisitos e com as normas internacionais. Toda a atividade de órgãos anuentes é gerida, atualmente, pelo Portal Siscomex.

O que é?

O **Siscomex** compreende um sistema informatizado que permite a comunicação entre exportadores, importadores e órgãos anuentes, como o Departamento de Educação e Cultura do Exército, o Banco Central e a Secretaria da Receita Federal. Por meio dessa ferramenta administrativa do governo, é possível centralizar as informações referentes ao comércio exterior brasileiro em um único repositório.

O Siscomex foi instituído pelo Decreto n. 660, de 25 de setembro de 1992 (Brasil, 1992). Sua implantação permitiu maior confiabilidade, redução de custos, eliminação de documentação e automação de processos, além de maior acessibilidade e agilidade nos processos. Uma relevância desse sistema é que ele permite aos usuários a realização e o acompanhamento das etapas em tempo real – ou seja, o usuário, os órgãos gestores e os órgãos anuentes acessam e analisam as informações ao mesmo tempo e pelo mesmo repositório (Brasil, 2016). Além disso, vale ressaltar que esses órgãos, em razão das especificidades do item a ser exportado ou importado, emitem pareceres técnicos para fins de licenciamento, auxiliando o controle comercial.

Por definição, os órgãos anuentes:

> *São todos aqueles órgãos que efetuam a análise, dentro de sua área de competência, sobre determinadas operações de exportação ou importação para certos tipos de mercadorias, seja em razão do produto que se pretende comercializar, seja devido à natureza da operação em questão. Estão interligados aos Siscomex, de modo a tornar mais ágil tal análise. Desse modo, para que a operação se torne efetiva, é necessário, em alguns casos, o cumprimento de normas específicas estabelecidas por esses órgãos.* (Brasil, 2016, p. 54)

São exemplos de órgãos anuentes:

- Agência Nacional de Energia Elétrica (Aneel);
- Agência Nacional de Vigilância Sanitária (Anvisa);
- Agência Nacional do Cinema (Ancine);
- Comando do Exército (CEX);

- Departamento de Operações de Comércio Exterior (Decex);
- Departamento de Polícia Federal (DPF);
- Agência Nacional de Mineração (ANM);
- Instituto Brasileiro do Meio Ambiente e dos Recursos Naturais Renováveis (Ibama)
- Agência Nacional do Petróleo, Gás Natural e Biocombustíveis (ANP);
- Conselho Nacional de Desenvolvimento Científico e Tecnológico (CNPq);
- Empresa Brasileira de Correios e Telégrafos (ECT);
- Instituto Nacional de Metrologia, Qualidade e Tecnologia (Inmetro);
- Ministério da Agricultura, Pecuária e Abastecimento (Mapa);
- Ministério da Ciência, Tecnologia, Inovações e Comunicações (MCTI);
- Superintendência da Zona Franca de Manaus (Suframa).

O Decex, enquanto órgão anuente, regulamenta alguns produtos sujeitos a procedimentos especiais e operações de importação que demandam sua anuência, como:

a) Importações ao amparo do Regime Aduaneiro Especial de Drawback: Tais importações, nas modalidades de suspensão e isenção, estão sujeitas a licenciamento automático, que pode ser posterior ao embarque da mercadoria no exterior. O importador deverá registrar a LI [licença de importação] quando for realizar as importações previstas no Ato Concessório de Drawback.

b) Importações sujeitas à obtenção de Cota Tarifária: As importações amparadas em Acordos no âmbito da ALADI ou do Mercosul, estão sujeitas a licenciamento não automático previamente ao embarque da mercadoria no exterior. Nestes casos, a LI objetiva monitorar a distribuição da cota entre as empresas brasileiras interessadas.

c) Importações sujeitas a Exame de Similaridade: Estão sujeitas ao prévio exame de similaridade as importações nas quais sejam pleiteados benefícios fiscais (isenção ou redução do Imposto de Importação) previstos em legislação específica. Tais importações estão sujeitas a licenciamento não automático previamente ao embarque dos bens no exterior. Na análise da LI será verificado se existe no Brasil um produto similar ao importado, observados os parâmetros de preço, prazo e qualidade. Caso seja verificada a existência de similar nacional, o benefício não *é concedido, mas a importação ainda poderá ser realizada com o recolhimento integral do Imposto de Importação.*

d) Importações de Material Usado: *Em regra, é proibida a importação de bens de consumo usados, salvo algumas exceções previstas em normas específicas. Tais importações estão sujeitas a licenciamento não automático previamente ao embarque da mercadoria no exterior. Como regra geral, somente são autorizadas importações de bens que não sejam produzidos no Brasil, sendo exigida a apresentação de laudo técnico de vistoria e avaliação do material a importar.* (Brasil, 2016, p. 61-62)

Outros órgãos que, embora não sejam gestores ou anuentes, também contribuem com as operações de comércio exterior, são:

- **Câmaras de comércio**: Associações de organizações de determinados segmentos que auxiliam a promoção do intercâmbio comercial ao prospectar oportunidades de futuros negócios.
- **Federações das indústrias dos estados**: Atuam com estratégias de promoção de comércio, podendo envolver a captação de investimentos, a promoção de transferência de tecnologias, o fomento e a articulação de encontros e de missões.
- **Embaixadas e consulados estrangeiros**: Objetivam a ampliação de transações comerciais entre o Brasil e os países que representam. Nesses locais, as empresas estrangeiras interessadas em atuar no mercado brasileiro buscam suas primeiras orientações.

Logo, existem muitos organismos que apoiam e incentivam o comércio exterior brasileiro. Sobre suas atribuições e responsabilidades, recomenda-se, sempre, observar sua posição e sua subordinação em mudanças de governos.

Síntese

- *Comércio internacional* e *comércio exterior* são termos comumente empregados no contexto das transações comerciais internacionais, embora apresentem definições e aplicações distintas.

- O comércio exterior compreende a forma pela qual uma nação organiza aspectos políticos, legais, normativos e regulamentais, os quais nortearão os processos de execução de importação e de exportação de bens e de serviços.
- As transações internacionais que uma nação estabelece com as demais nações são contabilizadas no balanço de pagamento, que sumariza investimentos externos, empréstimos, donativos e operações comerciais de exportação e de importação.
- A globalização e seus efeitos repercutiram sobre as nações, com destaque para suas relações comerciais, promovendo a aproximação e o estabelecimento de relações de interdependência.
- As economias interagem por meio de parcerias internacionais. De forma a melhorar tal interação, utilizam-se acordos que promovam a diminuição de barreiras comerciais e facilitem os processos de negociações comerciais entre nações parceiras e não parceiras.
- Os blocos econômicos objetivam a aproximação e a integração de seus membros no cenário mundial, bem como o desenvolvimento de características específicas às necessidades e aos interesses de seus membros.
- Devido à intensificação das relações internacionais, fez-se premente a criação de um organismo que orientasse, supervisionasse e regulamentasse tais relações – a Organização Mundial do Comércio (OMC).
- A OMC tem princípios, responsabilidades, objetivos e regras que os países-membros devem observar em toda e em qualquer negociação internacional.
- Compreendem organismos internacionais: o Fundo Monetário Internacional (FMI); o Banco Mundial; e o Acordo Geral sobre Tarifas e Comércio Internacional (*General Agreement on Tariffs and Trade* – GATT); este último, a partir de 1995, teve suas atribuições repassadas à OMC.
- Órgão anuente é todo aquele que efetua uma análise complementar, de acordo com sua competência, sobre as operações de exportação e de importação.

Operações cambiais em negociações internacionais

Conteúdos do capítulo:

- Noções de política econômica, monetária, fiscal e cambial.
- Mercado de câmbio.
- Regime cambial brasileiro.
- Pagamentos e recebimentos internacionais.
- Contrato de câmbio.
- Linhas de financiamento de importação e de exportação.

Após o estudo deste capítulo, você será capaz de:

1. distinguir a política econômica dos demais tipos de política;
2. contextualizar o mercado de câmbio e sua relevância para a atualidade;
3. apontar a atual visão de regime cambial brasileiro;
4. tipificar as modalidades de pagamentos internacionais e pontuar suas especificidades;
5. definir contrato de câmbio e qual é sua atuação nas operações de comércio exterior;
6. diferenciar as formas de financiamento disponíveis, identificando opções que exportadores e importadores têm, hoje, à sua disposição.

Em transações internacionais, devem ser observadas as formas de pagamento que melhor atendam às expectativas do importador e do exportador. Este capítulo visa apresentar a terminologia técnica aplicada ao comércio exterior, abarcando assuntos e estruturas relacionados a operações cambiais (pagamentos e recebimentos) em negociações internacionais. Assim, apresentaremos a estrutura do comércio exterior sob a perspectiva da terminologia técnica empregada em temas como moedas estrangeiras, regime de câmbio, contratos de câmbio, operações bancárias, carta de crédito e linhas de financiamento.

capítulo 2

2.1 Noções de política econômica, monetária, fiscal e cambial

A política econômica compreende um conjunto de diretrizes e estratégias voltadas para a economia, visando à produção de bens e de serviços, à redução da inflação e da taxa de desemprego. De um modo geral, o interesse é de que a população obtenha maior acesso aos bens e aos serviços.

Toda política econômica, para ser posta em prática, abarca outras quatro políticas: (1) **monetária**, (2) **creditícia**, (3) **fiscal** e (4) **cambial**.

A política creditícia ou política de crédito pode ser tratada no âmbito da política monetária, uma vez que focaliza a política de crédito da economia. A responsabilidade pela elaboração de diretrizes e normas da política monetária, creditícia e cambial fica a cargo do Comitê Monetário Nacional (CMN); e sua execução, a cargo do Banco Central. Contudo, na política fiscal, a responsabilidade pelas diretrizes e pelas normas recai sobre o Tesouro Nacional, enquanto a execução delas é atribuição da Secretaria do Tesouro Nacional (STN). O Quadro 2.1 sumariza tais relações.

Quadro 2.1 – Responsabilidades *versus* execução de políticas econômicas

Políticas econômicas	Política	Responsabilidade	Execução
	Monetária	CMN	BCB
	Creditícia	CMN	BCB
	Cambial	CMN	BCB
	Fiscal	Tesouro Nacional	STN

Assim, as políticas monetária, creditícia e cambial, no que se refere à responsabilidade e à execução, estão sob a ação do CMN e do Banco Central. Por sua vez, a política fiscal está sob a ação do Tesouro Nacional e da STN.

Na concepção de Moreira e Carvalho Junior (2013, p. 72), a **política monetária** representa um conjunto de operações executadas com o objetivo de "controlar a liquidez da economia. Para tanto, são utilizados inúmeros instrumentos, destacando-se o recolhimento compulsório, a assistência financeira de liquidez (operação de redesconto) e as operações de compra e venda de títulos (operações compromissadas)".

O que é?

O **Conselho Monetário Nacional** (CMN) é o órgão que regula o sistema financeiro nacional. É de sua responsabilidade a definição das diretrizes da política monetária, de crédito e cambial do Brasil. Outras funções do CMN compreendem a emissão de papel-moeda e o sancionamento de orçamentos monetários do Banco Central.

A **política fiscal**, por seu turno, corresponde a um conjunto de operações relacionadas aos gastos do Estado e aos recursos que se obtém para financiá-los. Compete também à política fiscal atuar sobre a influência que tais aspectos exercem sobre comportamentos de contração e de expansão econômica (Moreira; Carvalho Junior, 2013).

Por outro lado, o conjunto de ações da **política cambial** visa ao "equilíbrio das contas externas e [à] redução da volatilidade da taxa de câmbio, por meio de operações de compra e venda de moeda estrangeira" (Moreira; Carvalho Junior, 2013, p. 75).

Desse modo, a política monetária faz referência à moeda, ao volume de dinheiro no mercado (dinheiro em circulação), à liquidez monetária e aos juros. Já na política cambial há aspectos como taxa de câmbio, regime cambial e operações de importação e exportação. A política fiscal, por outro lado, abarca temas como tributos, gastos e orçamentos públicos. O Quadro 2.2 reúne as principais características da política econômica.

Quadro 2.2 – Síntese da política econômica

Política econômica	Política	Responsabilidade	Execução	Temas
	Monetária	CMN	Banco Central	Moeda, juros
	Creditícia	CMN	Banco Central	Crédito
	Cambial	CMN	Banco Central	Taxa de câmbio
	Fiscal	Tesouro Nacional	STN	Tributos, gastos públicos

Quando o Banco Central e/ou a STN colocam em prática suas políticas, estas podem apresentar duas configurações: expansionista ou restritiva (contracionista). A **expansionista** é referente à expansão da economia, que pode ocorrer pelo aumento do consumo e de investimentos empresariais, o que gera, por consequência, aumento do **Produto Interno Bruto** (PIB) e da inflação.

O contrário é observado na configuração **contracionista**, pois, quando a economia diminui (restringindo-se), o consumo reduz e o investimento das empresas desacelera, o que provoca a redução do PIB e, consequentemente, a diminuição do processo inflacionário.

O que é?

O **Produto Interno Bruto (PIB)** – ou *Gross Domestic Product (GDP)* – compreende a soma, em valores monetários, de todos os bens e serviços finais produzidos em determinada região durante certo período. O PIB é um dos indicadores mais utilizados na macroeconomia para mensurar a atividade econômica. Alguns dos elementos constitutivos do PIB são: o consumo privado (das famílias); o total de investimentos realizados (privado); os gastos governamentais; o volume de exportações e o volume de importações.

Em uma política monetária expansionista, a taxa de juros é reduzida pelo Banco Central, para desestimular a aplicação financeira e estimular o consumo. Agora, se a configuração for contracionista, aumentam-se os juros, visto que tal aumento impactará operações de financiamento; e a preferência, nesse caso, será por manter a moeda no mercado financeiro. O comportamento fiscal expansionista indica a diminuição de tributos (impostos) e o aumento dos gastos públicos. Na configuração contracionista, há o aumento de impostos concomitantemente à redução de gastos públicos.

Na política cambial expansionista, haja vista o aumento da taxa de câmbio, estimula-se a exportação. Se a política cambial se mostrar contracionista, há a redução da taxa de câmbio. Gonçalez (2012) aponta a relevância de se analisar as operações de liquidez cambial, pois, segundo ele, é arriscado vender ao exterior e liquidar o câmbio com uma taxa inferior à da venda.

O Quadro 2.3 sintetiza os comportamentos das políticas expansionista e contracionista ora descritos.

Quadro 2.3 – Configurações de práticas políticas

Política	Expansionista	Contracionista
Monetária	Redução dos juros	Aumento dos juros
Fiscal	Redução dos impostos Aumento dos gastos públicos	Aumento dos impostos Redução dos gastos públicos
Cambial	Aumento da taxa de câmbio	Redução da taxa de câmbio

Em uma postura expansionista, ocorre a redução de juros, no âmbito monetário; a redução de impostos e o aumento de gastos do Governo, no âmbito fiscal; e o aumento da taxa de câmbio, no âmbito cambial. O inverso caracteriza uma postura contracionista.

2.2 Mercado de câmbio

Em português, *câmbio*; em espanhol, *cambiar*; em inglês, *Exchange*, vocábulos que denotam o mesmo significado: "trocar". O câmbio é realizado diariamente, das mais diferentes formas, nas mais variadas localidades do mundo. Conforme Mendonça (2009, p. 27): "Câmbio é o ato pelo qual a moeda é comprada e vendida na mesma praça ou em diferentes, podendo ser transportada de um país para outro, fisicamente, ou por meio de títulos, ou por meio de sistema de compensação".

No mercado, é possível trocar quase tudo: figurinhas, sapatos, eletroeletrônicos, eletrodomésticos, dinheiro, moedas estrangeiras etc. Contudo, quando se trocam moedas estrangeiras, quem regula essa ação é o mercado cambial, que é muito dinâmico.

Embora circunscrito a uma economia local, com produção local, o comércio nacional também é internacional, e cada país com o qual se negocia tem uma moeda específica. Logo, é necessário existir uma política que regule essa relação de troca cambial, visto que o "fato de não aceitar moedas estrangeiras em pagamento das exportações, nem a moeda nacional em pagamento das importações, constitui a base de um mercado onde são compradas e vendidas as moedas dos diversos países; mercado esse denominado mercado cambial ou mercado de divisas" (Ratti, 2004, p. 115).

Essa política cambial, como se vê, trata de diretrizes e normas, com destaque para a cotação da moeda brasileira em relação à moeda de outros países. O CMN é o responsável por definir as diretrizes e normas de política cambial, mas quem as executa, como vimos, é o Banco Central. Conforme Vieira (2004, p. 31), "O Banco Central exerce o controle da parte cambial das operações de Comércio Exterior, bem como registra os investimentos de capital estrangeiro e as importações como financiamento externo".

Perguntas & respostas

Dada a relevância do Banco Central no contexto financeiro nacional, você sabe dizer quais são suas atribuições?
Entre as atribuições do Banco Central, constam: a emissão de papel-moeda e de moeda metálica mediante autorização do CMN; o controle de capitais estrangeiros; a autorização de bancos e de demais agentes a operar no mercado de câmbio; a fiscalização de operações de câmbio, a aplicação de sanções previstas na lei; e o estabelecimento de regras de operação do mercado de câmbio.

Assim, o **mercado de divisas** organiza as instituições autorizadas a operar, os contratos de câmbio, as autoridades monetárias etc. De acordo com Hartung (2004, p. 78),

> O Mercado de Câmbio é composto de uma série de instituições que participam de todo processo de câmbio. Cada um atua de maneira diferente da outra, no mesmo processo, algumas exercem função normativa, outras executiva e fiscalizadora, outras atuam de forma a garantir a estabilidade do sistema, não importa qual seja o objetivo: lucrar, especular, apostar na alta, apostar na queda, todas estão, em conjunto, influenciando o destino do mercado.

Vazquez (2007) divide o mercado de câmbio em **mercado calmo**, quando sua situação é estável no que tange à venda e à compra de moeda estrangeira; **mercado nervoso**, quando apresenta oscilações frequentes em um período curto, as quais se mostram incertas perante o mercado; **mercado oferecido**, quando há um excesso de oferta da moeda estrangeira; e **mercado procurado**, quando há grande procura ou escassez da moeda estrangeira.

Hartung (2004, p. 73) compara o mercado de câmbio a um "macro ambiente, abstrato, onde ocorrem as operações de câmbio entre agentes autorizados", no qual **vendedores de moedas** e **compradores de moedas** se relacionam. Os agentes autorizados são instituições autorizadas a operar no mercado de câmbio pelo Banco Central. Hartung (2004, p. 80) explica que os bancos autorizados a operar em mercado de câmbio compram e vendem "a moeda estrangeira, prestam serviços, etc., atuam como intermediários entre exportador e importador".

Ao analisar os atores, vendedores e compradores de moeda, Maia (2000) caracteriza vendedores de moedas como aqueles que detêm divisas estrangeiras e que necessitam convertê-las em moeda nacional; já os compradores de moedas são aqueles que necessitam de moedas estrangeiras para realizar suas operações.

Perguntas & respostas

Qual é a diferença entre dólar turismo, dólar comercial e dólar paralelo?

O **dólar turismo** é aquele que se compra para viajar ao exterior; sua aplicação objetiva o pagamento de gastos como passagens, compras em lojas, depósitos de crédito em cartões. O **dólar comercial** é aquele que empresas e bancos utilizam para as transações realizadas no mercado, como importação, exportação, transferências financeiras etc. O **dólar paralelo** corresponde a uma circulação da moeda em mercado não oficial, portanto, não sofre supervisão do Banco Central e, por isso, é considerado ilegal e sujeito a penalidades.

2.2.1 Moeda

A moeda é definida, segundo Schweig (2010), como um conjunto de transações diárias entre as pessoas e suas funções abarcam aspectos como: compra de bens e de serviços; indicação dos preços de produtos e de serviços; reserva de valor. É, portanto, um bem instrumental que favorece operações de troca, de avaliação e de comparação de valores.

Gonçalez (2012, p. 25) pontua que "a moeda possui várias funções. Uma delas é ser um meio de troca. A moeda circula na forma física (papel-moeda e moeda metálica)". O autor ainda aponta para o fato de que "as moedas de alguns países são consideradas aceitas no comércio mundial, são livremente trocadas nas transações internacionais, utilizadas como parâmetro para a definição de preços no comércio exterior" (Gonçalez, 2012, p. 42). Para Ratti (2007, p. 22), a "moeda é um bem instrumental que facilita as trocas e permite a medida ou a comparação de valores".

Logo, a moeda pode ser entendida como representação da riqueza, respaldando a troca, a unidade de conta e a reserva de valor; como meio de troca, sendo utilizada na compra e na venda de produtos e de serviços; como unidade de conta, permitindo valorar, em moeda, um produto ou serviço; e como reserva de valor, podendo ser guardada e poupada para uso futuro.

Para saber mais

Para conhecer um pouco mais sobre o tema, indicamos a leitura do livro *A Casa da Moeda por seus moedeiros*, de Ângela de Castro Gomes. Nessa obra, a história da Casa da Moeda do Brasil é apresentada desde seu período colonial, mostrando, por meio das cédulas, como as alterações no mercado influenciaram a transição da moeda.
GOMES, A. de. C. (Org.). **A casa da moeda por seus moedeiros**. Rio de Janeiro: FGV, 2011.

2.2.2 Moeda estrangeira

Como vimos, a moeda compreende a unidade de valor aceita como elemento de troca entre as nações. Logo, a moeda estrangeira é a unidade de troca monetária com outro país. Para tanto, existem as moedas conversíveis e as inconversíveis.

As **moedas conversíveis** são aceitas livremente entre os países e seus respectivos blocos econômicos. São exemplos de moedas conversíveis: dólar (Estados Unidos), libra esterlina (Inglaterra), iene (Japão), franco suíço (Suíça), coroa sueca (Suécia), coroa dinamarquesa (Dinamarca), coroa norueguesa (Noruega), euro (União Europeia), dólar Canadense (Canadá).

Já as **moedas inconversíveis** não são amplamente aceitas, ou sua circulação é dificultada/limitada entre os países. São exemplos de moedas inconversíveis: real (Brasil), guarani (Paraguai), rupia (Índia), dinar argelino (Argélia).

Por isso, de forma a facilitar o intercâmbio comercial mundial, no que tange a operações com moedas estrangeiras, são empregados outros instrumentos que, se utilizados adequadamente, auxiliam nesse processo, como o pagamento ou o recebimento em moeda conversível (tema a ser abordado ao longo deste capítulo).

2.3 Regime cambial brasileiro

Operações de câmbio fazem parte da rotina do sistema financeiro de um país e viabilizam o financiamento ao exportador, a compra e a venda de moeda estrangeira.

Antes de caracterizar o regime cambial brasileiro, cabe tratar da taxa de câmbio, que compreende a taxa de troca entre as moedas.

Perguntas & respostas

O que é cotação em moeda estrangeira (ou câmbio)?
É o preço da moeda como mercadoria – ou seja, a cotação indica quantos reais são necessários para comprar uma unidade monetária da moeda estrangeira. Também pode ser compreendida como a operação de troca da moeda de um país pela moeda de outro.

Sobre essa questão, Gonçalez (2012, p. 119) faz a seguinte consideração:

> *a taxa de câmbio é, na verdade, o preço de uma moeda, sua formação é influenciada pela lei da oferta e da procura. Semelhante a uma mercadoria, pode se afirmar que a demanda de uma moeda é maior quando o seu preço é menor e de forma inversa, a demanda é menor quando seu preço for maior. Quanto à oferta de uma moeda, normalmente, quanto menor for o preço da moeda, menor será a quantidade ofertada e vice-versa.*

A taxa de câmbio de um país também depende de suas variáveis macroeconômicas e de sua relação com os demais países. São aspectos que podem influenciar a taxa de câmbio: o risco-país, a taxa de emprego e desemprego, os índices de inflação e o índice de desenvolvimento.

De forma a mediar tal impacto, o sistema financeiro dos países pode adotar **regimes cambiais**, por meio dos quais a taxa de câmbio pode ser definida. Atualmente, o mundo adota três formas de regimes cambiais: (1) **câmbio flutuante por bandas**, (2) **câmbio fixo**, e (3) **câmbio flutuante sujo**. Vieira (2004, p. 27) aponta, ainda, que o mercado de câmbio se divide em duas formas de configuração: "o de taxas livres ou administradas e o de taxas flutuantes, que são regulamentadas e fiscalizadas pelo Banco Central do Brasil".

No Brasil, o **câmbio flutuante por bandas** foi aplicado no início do Plano Real. Esse regime opera por bandas de intervalos superiores e inferiores de cotação. Para exemplificar, consideremos a seguinte situação: o Banco Central define a banda superior em R$ 1,00 e a banda inferior em R$ 0,85. Isso significa que, dentro do intervalo de cotação de R$ 0,85 e R$ 1,00, o preço da moeda estrangeira pode oscilar livremente, mas, todas às vezes em que a cotação ultrapassa as bandas (inferior ou superior), o Banco Central intervém no mercado, avaliando a oferta e a demanda da moeda estrangeira, comprando ou ofertando moeda.

Ainda no Plano Real foi executada uma mudança de regime cambial para **câmbio fixo**. Câmbio fixo é o tipo de câmbio definido pelo Banco Central de um país. É muito importante não confundir o termo *fixo* com *ausência de variação*, pois o câmbio *fixo* significa "fixado". Por exemplo, se o Banco Central define, para uma semana, o câmbio em paridade de 1:1, isso não implica que, na próxima semana, o câmbio não possa ser alterado para 1:1,5.

Em 1999, o regime cambial brasileiro foi alterado para **flutuante sujo**, que em nada se parece com o flutuante por bandas. Nesse regime, também denominado *dirty floating*, há observância da lei da oferta e da demanda como forma determinante da taxa de câmbio, assim, o câmbio é livre, formado pelo mercado. Contudo, sempre que a taxa de câmbio intervier negativamente na economia, o Banco Central interfere no mercado, comprando ou vendendo moeda. A principal diferença do regime flutuante por bandas em relação ao regime flutuante sujo é o fato de que, neste, não há intervalo de bandas para o *start* de compra e venda de moeda, de forma a equilibrar o preço da moeda estrangeira. Por exemplo, pela lei da oferta e da demanda, toda vez que a taxa de câmbio sobe (aumenta), o dólar está mais caro; logo, faltou dólar no mercado, e para equilibrar essa situação, o Banco Central vende dólares para o mercado, aumentando a oferta e reduzindo o preço. Entretanto, quando a taxa de câmbio cai, a diminuição do preço do dólar indica que há mais oferta da moeda do que procura; assim, para equilibrar essa situação, o Banco Central compra dólares do mercado.

Desse modo, o regime cambial é a forma pela qual se estabelece a taxa de câmbio em uma economia e sua atuação é muito importante para o equilíbrio econômico de uma nação. Independentemente do governo, a adoção de regimes cambiais garante a atenção e a proteção econômica de um país.

Exercício resolvido

Quando o tema é mercado de câmbio, aspectos como variáveis macroeconômicas e regimes cambiais despontam na discussão, e, como se sabe, a moeda estrangeira figura como mercadoria nesse mercado, e, como tal, encontra-se sujeita à ação da oferta e da demanda. Sobre isso, assinale a alternativa correta:
 a. Quando a taxa de câmbio sobe e se situa acima da expectativa oficial, o Banco Central realiza a compra dos estoques de moedas do mercado.
 b. A modalidade de intervenção no estoque de moeda do mercado pelo Banco Central pode ocorrer se a taxa de câmbio cair. Nesse caso, o Banco Central comprará o excesso de divisas do mercado.
 c. A taxa de câmbio compreende a relação do valor entre duas moedas, em que a correspondência de preço de dada moeda estrangeira é relativa ao salário-mínimo.
 d. Atualmente, o regime de câmbio brasileiro é livre ou flutuante, modalidade em que não há influência ou limitação oficial.

Gabarito: b.

Feedback **do exercício:** O Banco Central, para equilibrar a taxa e aumentar o nível de oferta, deve vender moedas para o mercado. Agora, se a taxa de câmbio cair, há um indicativo de que há mais oferta do que procura por moeda estrangeira, então, nessa situação, o Banco Central, para equilibrar a taxa, deve comprar o excesso de divisas do mercado. A correspondência de preço é dada pela relação entre as moedas e as suas variáveis, como a taxa de juros, a inflação, o risco e o regime cambial de cada país. Por fim, o regime cambial atual brasileiro é o flutuante sujo, no qual, em certos casos, há intervenção oficial.

2.4 Pagamentos e recebimentos internacionais

O comércio internacional, na medida em que se configura um processo de integração, proporciona benefícios aos países, como melhoria da qualidade de vida de suas populações, avanço tecnológico e aproximação política e econômica. Assim, devido à liberalização das relações internacionais e ao processo de globalização, houve uma maior circulação de pessoas, bens e capitais entre as nações. Devido a isso, muitas economias ficaram sujeitas ao investimento estrangeiro. Ante a esse desafio, o sistema bancário desempenhou (e desempenha) relevante papel ao apoiar todas as atividades demandadas em operações internacionais (comércio ou investimento), em nível técnico ou financeiro.

Os mecanismos e as operações bancárias internacionais compreendem o conjunto de ações comerciais e financeiras que contribuem para a operacionalização do comércio internacional. Essas operações, quando realizadas adequadamente, propiciam segurança – por exemplo, em pagamentos e recebimentos internacionais.

Segundo Gonçalez (2012, p. 105), "As transações comerciais relativas à compra e venda de bens e serviços no comércio internacional são pagas de diversas formas, conhecidas como Modalidades de Pagamento". Portanto as transações internacionais e de comércio exterior demandam a definição de uma forma de pagamento que atenda às demandas tanto do importador quanto do exportador. Sobre isso, Keedi (2010, p. 113) destaca:

Quando vendemos ou compramos uma mercadoria ou serviços, temos diversas formas de realizar ou receber um pagamento. Elas podem contemplar os interesses do vendedor, ou importador, ou estar a meio caminho entre as duas partes, e, desse modo, tornar a transação mais atraente e com menos desconfianças quanto ao pagamento ou recebimento da mercadoria ou serviço.

As modalidades de pagamento e de recebimento internacionais devem atender à regulamentação específica da Câmara de Comércio Internacional (CCI). Logo, todo profissional de comércio exterior precisa conhecer tais regulamentações e aplicá-las em suas práticas negociais.

Quando se compra, se vende e se importa do mercado externo, é preciso efetuar os pagamentos e os recebimentos internacionais em uma moeda específica. Por isso, na exportação, na importação e em todas as necessidades de uso de moeda estrangeira, ocorre, obrigatoriamente, uma **operação de câmbio**.

O que é?

Uma **operação de câmbio** ocorre quando há o envio ou o recebimento de pagamento de um bem ou mercadoria entre organizações ou pessoas que se encontram em países diferentes.

Vieira (2004) categoriza as operações de câmbio em comerciais e financeiras. Segundo ele, **operações comerciais** são direcionadas ao comércio de mercadorias e de serviços em operações de exportação e de importação; já as **operações financeiras** se relacionam a aspectos como donativos, manutenção, viagens internacionais, pagamento de juros etc.

As formas de pagamento em negociações internacionais podem ser por pagamento antecipado, remessa sem saque, cobrança (à vista ou a prazo), remessa direta (à vista ou a prazo) e carta de crédito. Independentemente da forma de pagamento, é necessária extrema atenção à documentação exigida, visto que a ausência ou a irregularidade documental pode atrasar ou inviabilizar a realização do processo. Por exemplo, na modalidade de pagamento antecipado, é exigida a apresentação do documento proforma *invoice*. Na remessa direta, a instituição financeira (banco) exige a apresentação da fatura comercial e do conhecimento de embarque, pois somente assim a instituição financeira pode efetuar o pagamento no prazo estipulado entre as partes, o qual se encontra indicado na fatura comercial.

O fechamento da operação cambial ocorre quando os dados bancários e a documentação relativos à operação comercial são apresentados ao setor de câmbio de uma instituição financeira ou de uma agência de câmbio autorizada, sendo solicitada a remessa (pagamento) ou o recebimento dos valores indicados. Contudo, não basta somente solicitar o pagamento ou o recebimento dos valores de uma moeda estrangeira, é necessário, antes, negociar a taxa de câmbio, que, como vimos, corresponde ao valor de uma unidade monetária de outros país em relação, no Brasil, ao real.

A seguir, são apresentados os documentos exigidos para o fechamento de câmbio, os quais seguem os padrões da condição de pagamento negociada, conforme a modalidade:

- Se a modalidade for **recebimento/pagamento no pré-embarque**, a documentação necessária compreenderá a fatura proforma ou contrato comercial com condição de pagamento antecipado.
- Se a modalidade for **recebimento/pagamento no pós-embarque**, a documentação necessária compreenderá fatura comercial, conhecimento de transporte internacional assinado ou extrato do registro de exportação (RE) averbado, declaração de despacho de exportação (DDE), licença de importação (LI) e extrato do despacho de importação (DI).
- Se a modalidade for **carta de crédito**, a documentação necessária compreenderá a documentação completa do item anterior, um formulário de saque fornecido pela instituição financeira e outros documentos, bem como certificados e outros comprovantes constantes no corpo da carta ou exigidos pelo banco.

Depois de realizada a negociação da taxa de câmbio, a instituição financeira recebe e avalia a documentação exigida e elabora o **contrato de câmbio**, no qual constam os detalhes da negociação. Em seguida, é feita a operação de **transferência** dos valores entre as contas indicadas no contrato. Transferência, aqui, compreende o débito ou o crédito, em reais, do valor acertado na etapa de negociação. O processo somente é encerrado quando o valor indicado é acusado na conta da parte interessada — ou seja, quando a **liquidação de câmbio** é registrada no *Swift*.

O que é?

Swift é o comprovante que a instituição financeira emite como forma de comprovação das operações de transferência. Esse é o documento comprobatório oficial de que o valor acertado se encontra, de fato, na conta indicada no contrato de câmbio.

Podemos assim sumarizar as etapas da operação cambial:

- identificação de pagamento ou recebimento internacional;
- definição da forma de pagamento;
- apresentação da documentação à instituição financeira;
- negociação da taxa de câmbio;
- elaboração do contrato de câmbio;
- transferência entre contas;
- formalização da liquidação de câmbio e emissão do *Swift*.

2.4.1 Remessa antecipada (pagamento antecipado)

O pagamento antecipado acontece quando o exportador recebe uma parte do dinheiro antes mesmo de enviar a mercadoria, podendo tal adiantamento chegar a 50%. Do ponto de vista do exportador, essa modalidade de pagamento é a mais segura, visto que a transferência pelo importador é efetuada antes da produção e da disponibilização da mercadoria para o embarque ao exterior. Desse modo, a operação elimina o risco comercial e de crédito da operação.

Na percepção de Ratti (2004), a remessa antecipada é vantajosa somente para o exportador, pois ao importador não é conferida garantia de recebimento do bem negociado. Por outro lado, Del Carpio (2003, p. 185) indica que o "exportador deve ser criterioso para exigir o pagamento antecipado junto aos importadores, pois é uma modalidade de pagamento que demanda confiança financeira entre as partes e a solicitação de um *Refundment Bond* gera custo para o exportador junto ao Banco Emitente de garantia".

Essa modalidade simplifica o processo de compra e de venda de mercadorias, pois os valores podem ser nacionalizados, constituindo, prontamente, o caixa da empresa exportadora e acelerando o envio da documentação original ao importador, uma vez que a mercadoria já estará finalizada. Do ponto de vista do importador, contudo, essa modalidade representa maior risco, visto que ele tem de confiar que o exportador cumprirá suas obrigações contratuais, conforme apontado por Ratti (2004).

Assim, a modalidade de remessa antecipada é indicada para operações de baixo valor, como forma de construção de histórico de relacionamento entre importador e exportador.

2.4.2 Remessa sem saque

Essa modalidade de pagamento é restrita em diversos países, inclusive no Brasil, sendo limitada apenas a *holdings* e a empresas controladoras e controladas por uma mesma corporação multinacional.

O que é?

Holding é uma sociedade gestora de participações sociais que exerce controle majoritário sobre outras empresas. O objetivo principal de uma *holding* é administrar, controlar e tomar decisões que suportem a gestão das demais empresas.

A remessa sem saque compreende o envio de mercadorias sem remessa de título de letra ou de carta de crédito como forma de compromisso de pagamento. Nessa modalidade, não há o compromisso ou a obrigação legal na operação. Maia (2000) comenta que essa forma de pagamento é a maneira mais rápida de a documentação chegar às mãos do importador, pois vai diretamente do exportador ao importador, sem trânsito bancário.

Nessa modalidade, o exportador realiza o embarque da mercadoria e envia a documentação ao importador, sem que esse, necessariamente, faça o pagamento devido. Ratti (2007) considera que não há garantia de nenhuma das partes, uma vez que não é garantido que o importador receberá a documentação e a mercadoria nem que o exportador receberá o pagamento. De todas as modalidades de pagamentos internacionais, essa é a menos indicada.

2.4.3 Carta de crédito

A carta de crédito *(letter of credit)* é uma modalidade de pagamento internacional que pode ser utilizada pelos bancos no pagamento de operações de exportações e de importações. Como atesta Murta (2005, p. 363), a carta de crédito é o método "mais seguro de pagamento no comércio internacional, o qual é assumido pelo banco, na medida em que as condições do crédito sejam cumpridas".

Ratti (2004) caracteriza a carta de crédito como um documento bancário emitido por um emitente (banco) em atendimento à solicitação de um tomador (por exemplo, um importador) pelo qual este se compromete a efetuar o pagamento em favor do beneficiário, ante o cumprimento dos termos estabelecidos na carta de crédito. Assim, o importador tem a certeza de que o banco somente efetuará o pagamento ao exportador se a análise da documentação for positiva. Logo, para receber o pagamento, o beneficiário indicado deve apresentar ao banco a documentação completa e regular, conforme os termos previstos na carta de crédito.

No geral, os documentos solicitados em práticas de comércio exterior compreendem o conhecimento de embarque, a fatura comercial, as apólices de seguros, os certificados de origem, os certificados de peso e os certificados de inspeção ou certificados fitossanitários. Ainda, tais documentos devem ser apresentados dentro do prazo previamente acordado no crédito.

Ratti (2004, p. 94) pondera que

Na carta de crédito são delineados os termos e condições em que a operação deve ser concretizada, termos esses que dizem respeito, especialmente, aos seguintes itens: valor do crédito, beneficiário e endereço, documentação exigida, prazo de validade para embarque da mercadoria e para negociação do crédito, porto de embarque e destino, discriminação da mercadoria, quantidades, embalagens, permissão ou não de embarques parciais ou transbordos etc.

Para saber mais

Sobre o crédito em operações internacionais, indicamos que o leitor(a) faça uma busca na rede sobre a UCP 600, da Câmara de Comércio Internacional (CCI), e as Práticas Bancárias Internacionais Padrão (ISBP 745), documentos que dispõem as regras e as interpretações em cartas de crédito. Complementarmente, sugerimos a leitura do livro *Carta de Crédito e UCP 600: comentada*, obra de Rômulo Francisco V. Del Carpio.
DEL CARPIO, R. F. V. **Carta de crédito e UCP 600**: comentada. São Paulo: Aduaneiras, 2009.

Minervini (2001) também indica a carta de crédito como modalidade de pagamento internacional em negociações que requerem a proteção contra o risco de não pagamento, pois figura como um documento de garantia de pagamento, uma vez que exige o cumprimento de outros requisitos pelas partes interessadas. A carta de crédito, conforme defende Murta (2005, p. 363), "proporciona também segurança ao importador que pode assegurar que todas as exigências documentárias e contratuais sejam cumpridas, uma vez que se tornam condições do crédito documentário". Assim, a carta de crédito pode atuar como uma garantia bancária de pagamento em operações de exportação e de importação, desde que ocorra o cumprimento dos termos do crédito concedido.

> **Perguntas & respostas**
>
> **Quando um banco é impedido de honrar o pagamento do crédito em uma operação? Você sabe o que acontece nessa situação?**
>
> Um banco pode não honrar o pagamento de uma operação se, durante sua análise, forem detectadas divergências entre o que foi acordado no crédito e o que foi apresentado na documentação, o que se denomina *discrepância*. Contudo, o pagamento pode ser honrado se houver a aceitação formal da discrepância detectada pelo importador. Caso ocorra a recusa pelo importador, o pagamento não é efetuado.

Lunardi (2004) e Ratti (2004) classificam as cartas de crédito quanto aos seguintes aspectos: compromisso, liquidação e disponibilidade, em que cada categoria guarda suas especificidades e atende a um tipo de operação demandada pelas partes envolvidas. O Quadro 2.4 organiza e sumariza tais classificações.

Quadro 2.4 – Tipos de carta de crédito

Tipo	Modalidade	Características
Compromisso	Revogável	O crédito pode ser cancelado ou emendado sem a prévia anuência do beneficiário.
	Irrevogável	O crédito só pode ser cancelado ou emendado se houver a prévia anuência das partes envolvidas.
	Confirmado	O exportador pode nomear outro banco para efetuar o pagamento.
	Transferível	O crédito transferível autoriza a pagar o valor total ou parcial da operação com outros beneficiários.

(continua)

(Quadro 2.4 – conclusão)

Tipo	Modalidade	Características
Liquidação	Por pagamento (Available by payment)	A carta de crédito é liquidada a vista. O crédito é liquidado mediante a apresentação de todos os documentos.
	Por pagamento diferido (Available by deferred payment)	Há liquidação a prazo da carta de crédito. Geralmente, o prazo para pagamento é contado a partir da data de embarque.
	Por aceite (Available by acceptante)	O banco sacado dá o aceite a prazo e desenvolve a letra de câmbio, que poderá ser descontada no banco mediante sua apresentação.
	Por negociação (Available by negotiation)	A carta de crédito pode ser restrita ou irrestrita. Será restrita quando o banco avisador for especificado na carta de crédito pelo banco emissor; e será irrestrita quando o banco avisador for de livre escolha do exportador.
Disponibilidade	Restrito (Restrict)	O beneficiário tem um banco designado para apresentar os documentos da negociação.
	Livremente negociável (Freely negotiable)	O beneficiário tem a liberdade de apresentar os documentos relativos à operação em qualquer banco de sua preferência.
	Crédito direto (Straight credit)	O banco designado é o próprio banco emitente do crédito, que autoriza o pagamento, aceita ou negocia o crédito.

Fonte: Elaborado com base em Lunardi, 2004; Ratti, 2004.

Intervenientes em operações com carta de crédito

Intervenientes são as partes envolvidas em uma operação com carta de crédito, em que os principais são: o beneficiário, o banco emitente, o banco avisador e o emitente.

Lunardi (2000) assim caracteriza os intervenientes:

- **Beneficiário (*Beneficiary*)**: Quem se beneficia do crédito.
- **Tomador (*Applicant*)**: Comprador ou importador. Sua obrigação é emitir a ordem de crédito documentário, que deve indicar, claramente, a documentação necessária para apresentação ao banco antes da realização do pagamento.

- **Banco emitente** (*Issuing Bank*): Emite a carta de crédito conforme as solicitações do cliente tomador. Após abrir o crédito, obriga-se a pagar o beneficiário da operação.
- **Banco avisador** (*Advising Bank*): Responsável por fazer chegar ao conhecimento do beneficiário as condições de crédito solicitadas. Confere autenticidade à carta de crédito recebida.

2.4.4 Cobrança

Murta (2005) caracteriza cobrança como a modalidade em que o banco prestador de serviço, mesmo após sua atuação, não tem subsídios que garantam o resultado da cobrança. Isso quer dizer que essa modalidade requer certo grau de confiança entre as partes. "Trata-se de operação de alto risco para o vendedor, e, portanto, somente deve ser utilizada quando o comprador for da mais absoluta confiança. Ele deve confiar integralmente no comprador e em seu país" (Lunardi, 2004, p. 33). Se elaborada de forma adequada e instrumentalizada, converte-se em uma forma de pagamento segura e de risco calculado. Essa modalidade de pagamento é intermediada por instituições financeiras autorizadas indicadas pelas partes.

Exemplificando

A modalidade de pagamento internacional, como vimos, demanda certa confiança entre os envolvidos, pois, caso ocorra alguma ação que inviabilize a operação, ambas as partes podem perder. Em caso de fraude documental, o importador perde; já em caso de envio de mercadoria e de não comparecimento ao banco para pagamento, o exportador perde.

Essa é uma forma de pagamento muito difundida no exterior. Nessa modalidade, o risco é maior para o exportador, caso não possua um relacionamento comercial mais estreito com o importador. Uma relação estreita compreende o conhecimento sobre sua capacidade financeira, sobre sua tradição no comércio internacional e sua imagem perante as instituições financeiras autorizadas.

> **Perguntas & respostas**
>
> **Como ocorre o pagamento via cobrança em transações internacionais?**
> Após o fechamento do contrato de compra e venda, o exportador emite, a um banco remetente (escolhido pelo exportador), as letras de câmbios, ou duplicatas cambiais, o conhecimento de embarque original e demais documentos que compõem o processo de exportação. Esse banco, por sua vez, envia a documentação para um banco cobrador (escolhido pelo importador), isto é, banco consignatário que executa a cobrança do importador. Assim, o importador acessa os documentos originais do processo e realiza o desembaraço da mercadoria no porto de destino somente após o pagamento da letra de câmbio.

Nessa modalidade, o risco ao exportador reside nas operações contratadas a prazo, em que o importador pode não honrar o aceite de pagamento nos prazos e nas condições previamente acertadas. Logo, o exportador deve "estar seguro de que o importador lhe pagará, após o recebimento da mercadoria, conforme pactuado no contrato comercial" (Lunardi, 2004, p. 33). Como o risco do exportador é alto, recomenda-se que, na contratação, seja solicitado um seguro de crédito à exportação, que garantirá a indenização em caso de inadimplência. Outro aspecto relevante dessa modalidade é o prazo de duração permitido: 180 dias a contar da data de emissão do conhecimento de embarque (Lunardi, 2004).

Exercício resolvido

A respeito das modalidades de pagamentos internacionais (remessa sem saque, remessa antecipada, cobrança, carta de crédito), indique a alternativa que não está adequadamente relacionada ao pagamento internacional.

a. A remessa sem saque compreende a modalidade de pagamento que envolve maior risco ao exportador, sendo pouco empregada no comércio internacional (exceto por filiais e subsidiárias de firmas no exterior).
b. Na remessa antecipada, após a expedição da mercadoria, o exportador entrega a um banco a documentação exigida. O banco remete essa documentação e uma cobrança ao sacado. Uma vez efetuado o pagamento, o banco libera a documentação ao importador para que possa recolher a mercadoria.
c. Na cobrança, o banco, por instrução do cliente, efetua o pagamento a um terceiro mediante a apresentação de documentos previamente exigidos e mediante o cumprimento dos termos e das condições preestabelecidas.
d. Na remessa sem saque, o importador recebe, diretamente do exportador, os documentos de embarque e, posteriormente, providencia a remessa da quantia respectiva para o exterior.

Gabarito: c.
Feedback **do exercício**: A alternativa (c) faz referência à carta de crédito, a qual apresenta, como principal característica, um banco que arbitra as condições de pagamento e de recebimento internacionais. Somente quando todas as exigências forem atendidas sem discrepâncias, o negócio completa seu ciclo.

Sobre os riscos ao exportador em diferentes modalidades de pagamento, no pagamento antecipado não há risco ao exportador, desde que a mercadoria seja embarcada após o efetivo recebimento de pagamento da transação. Na carta de crédito, também não há risco ao exportador, desde que ocorra a entrega correta da documentação ao banco negociador. Na modalidade cobrança, o exportador assume os riscos pela eventual falta de pagamento do importador. O Quadro 2.5 sumariza os riscos iminentes às distintas modalidades de pagamento.

Quadro 2.5 – Risco em operações de pagamentos

Modalidade	Risco	
	Exportação	Importação
Pagamento antecipado	Baixo	Alto
Carta de crédito	Baixo	Baixo
Cobrança	Médio	Médio
Remessa sem saque	Alto	Baixo

Observe que, no pagamento antecipado, o risco é do importador, pois é ele quem efetua o pagamento antes de ter a comprovação do embarque de sua mercadoria. Já em operações com carta de crédito, o risco de fato é baixo, visto que, entre o importador e o exportador, há a atuação de uma instituição bancária garantidora e avalizadora do processo. Já na cobrança, o risco é médio, pois a instituição bancária que presta o serviço ao exportador não garante o resultado da cobrança. Por fim, na remessa sem saque, o risco maior é para o exportador, que, ao cumprir suas obrigações, não tem garantia de recebimento.

2.5 Contrato de câmbio

Contrato de câmbio é o instrumento documental firmado entre o vendedor e o comprador de moeda estrangeira, no qual ficam estabelecidas as características e as condições sob as quais se realizam a operação de câmbio. Vazquez (2007, p. 278) esclarece que o contrato de câmbio pode ser compreendido como um "instrumento especial firmado entre o vendedor e o comprador de moedas estrangeiras, no qual se mencionam as características completas das operações de câmbio e as condições sob as quais se realizam".

No Brasil, contrato de câmbio é um negócio jurídico firmado entre a instituição autorizada pelo Banco Central a operar no mercado de câmbio e outras instituições. Por meio desse contrato, o Banco Central compra moedas estrangeiras (ativos) e aliena em favor delas, recebendo, como forma de pagamento, moeda nacional (Mendonça, 2009).

Em linhas gerais, o contrato de câmbio detalha os direitos e as obrigações assumidas pelas partes. Nele, registra-se que o comprador tem o direito de receber o valor em moedas estrangeiras e a obrigação de entregar o valor equivalente em moeda nacional (Gonçalez, 2012). Assim, nesse documento estão descritos os termos e as condições (atribuição de direitos e de obrigações), a política de privacidade (que protege ambas as partes) e a formalização (na assinatura contratual). Portanto, reiteradamente: pelo contrato de câmbio, o vendedor tem o direito de receber o valor em moeda nacional e a obrigação de entregar ao comprador o valor em moeda estrangeira.

O primeiro passo para a elaboração de um contrato desse tipo é a aprovação do cadastro, que depende da apresentação da documentação exigida – documentação da pessoa física ou jurídica, contrato social, comprovante de faturamento, comprovante de endereço, comprovante da origem dos recursos e habilitação para exportação ou importação fornecida pela Receita Federal. Uma vez aprovado o cadastro, passa-se ao fechamento de câmbio, realizado por um agente autorizado, como corretoras ou bancos. É importante destacar que o prazo de fechamento de câmbio pode interferir diretamente nos valores de taxas do processo.

Exemplificando

Quando você realiza um câmbio a ser pago no mesmo dia no exterior, o chamado D-0, isso torna a taxa um pouco mais cara. Contudo, o câmbio pode ser pago em D-1 ou D-2. Quando você opta pelo D-1, o valor é pago no exterior no dia seguinte, após o fechamento do câmbio, de acordo com a taxa média. Quando é pago no exterior, após dois dias do fechamento do câmbio (D-2), tem-se melhores opções de taxas.

No que tange às despesas em um contrato de câmbio, é importante observar que não há a incidência de imposto sobre operações financeiras (IOF), sendo a principal taxa a de envio da ordem de pagamento ao exterior – isto é, o *Swift*, além da taxa de conversão da moeda baseada na taxa de mercado informada pelo Banco Central.

A **liquidação do contrato de câmbio** ocorre quando as partes contratantes cumprem a ação pactuada em contrato – ou seja, quando efetuam as entregas das moedas (nacional e estrangeira), ajustando eventuais juros, prêmios, bonificações e despesas pertinentes à operação. Quando ocorre esse movimento, considera-se o contrato liquidado (Assis; Carvalho; Joaquim, 2007).

Atualmente, os contratos de câmbio podem ser tipificados de acordo com a operação, conforme descrito do Quadro 2.6. Veja que, nos contratos de 7 a 10, a forma de contratação aplicada depende do que for definido entre as partes relacionadas no contrato.

Quadro 2.6 – Tipos de contrato de câmbio

Tipo	Operação	Observação
01	Exportação	–
02	Importação	Antecipado à vista/ Até 360 dias
03	Transferência do exterior	–
04	Transferência para o exterior + importação	> 360 dias a contar do embarque
05	Operação de Câmbio de compra	–
06	Operação de Câmbio de venda	–
07	Alteração de contrato de compra	Tipos 01, 03, 05
08	Alteração de contrato de venda	Tipos 02, 04, 06
09	Cancelamento de contrato de compra	Tipos 02, 04, 06
10	Cancelamento de contrato de venda	Tipos 02, 04, 06

Destaca-se que essa é a tipificação atual (na data de elaboração deste material), sendo indispensável, em aplicações futuras, verificar em fontes atualizadas de comércio exterior a tipificação ora em curso.

Assim, podemos destacar os seguintes aspectos em uma operação de contrato de câmbio: primeiramente, é preciso definir o tipo de operação (compra ou venda); em seguida, define-se a moeda a ser utilizada; na sequência, determina-se a taxa de câmbio que incidirá sobre a operação (taxa turismo, taxa comercial etc.); e, por fim, identificam-se as partes.

Perguntas & respostas

Toda operação de câmbio precisa de um contrato?
Não. Para operações até 100.000 dólares (ou o equivalente a esse valor em outras moedas), é dispensada a formalização de um contrato de câmbio, o que não exime, contudo, da declaração das informações, as quais, na ausência de um contrato, devem estar indicadas na nota de faturamento.

No que tange à alteração, ao cancelamento e à liquidação de contrato de câmbio, Assis, Carvalho e Joaquim (2007) destacam que não é possível alterar as seguintes informações: nome/razão social; CPF/CNPJ do comprador e do vendedor; valor; código da moeda estrangeira; valor em moeda nacional; taxa de câmbio. Os demais elementos integrantes do contrato podem ser alterados, desde que haja consenso das partes e respeito ao regulamento cambial. Ainda, segundo a Circular n. 3.325, de 24 de agosto de 2006, do Banco Central do Brasil (BCB, 2006): "Os contratos de câmbio podem ser celebrados para liquidação pronta ou futura, prévia ou posterior ao embarque da mercadoria ou prestação de serviços, limitado ao prazo de 720 dias entre a contratação e a liquidação".

Quanto ao cancelamento do contrato, a Circular n. 3.325/2006 prevê:

3. O cancelamento de contrato de câmbio de exportação após o embarque da mercadoria não exime o exportador da responsabilidade pela comprovação do ingresso da receita de exportação devida.

4. No caso de já ter ocorrido o embarque da mercadoria ou a prestação do serviço, o cancelamento do contrato de câmbio de exportação deve ser efetuado em até 360 dias da data do embarque da mercadoria ou da prestação do serviço.

5. *Na hipótese de recebimento da moeda estrangeira referente a contrato de câmbio que tenha sido cancelado, deve o exportador celebrar novo contrato de câmbio de exportação para liquidação pronta, o qual deve ser classificado sob natureza "10100 – Exportação – Recuperação de divisas.* (BCB, 2006)

Para saber mais

Para saber mais a respeito de contratos de câmbio, indicamos a leitura do livro *Contrato de câmbio de exportação em juízo*, de Fernando Geraldo Mendes Cavalcanti. Nessa obra, o autor, de forma didática, desenvolve as relações do comércio exterior. Trata-se de um material orientado a profissionais da área e ao estudo prático da inadimplência em contratos de câmbio.
CAVALCANTI, F. G. M. **Contrato de câmbio de exportação em juízo**. Rio de Janeiro: Renovar, 1989.

2.6 Linhas de financiamento de importação e de exportação

Para que uma empresa obtenha uma linha de crédito para importação, é necessário demonstrar limite operacional, ou seja, capacidade financeira com seu banco. Há, ainda, a modalidade de financiamento direto com o importador no exterior, que é uma negociação direta entre a empresa e seu fornecedor. O financiamento de exportações visa eliminar riscos provenientes de variação cambial; antecipar pagamentos; promover a solidez e a segurança financeira de organizações exportadoras; e financiar e fomentar a produção destinada à exportação.

Os principais financiamentos disponíveis para exportação no Brasil, de acordo com Magnoli e Serapião (2006), são:

- **Adiantamento sobre contrato de câmbio (ACC)**: É uma linha de crédito que permite o acesso a recursos financeiros com até 360 dias de antecedência (pré-embarque) ao embarque da mercadoria a ser exportada. Essa modalidade de crédito permite ao exportador buscar recursos que financiem a produção de produtos cujo destino é a exportação. A liquidação da operação ocorre quando o pagamento do importador é efetuado. Nessa modalidade de crédito, o exportador busca o capital de giro necessário ao financiamento da produção a ser exportada. Trata-se, portanto, de uma antecipação da mercadoria ou serviço a ser exportado.

- **Adiantamento sobre cambiais entregues (ACE)**: É uma linha de crédito semelhante ao ACC, o crédito, contudo, é contratado na fase de comercialização ou pós-embarque. Sua contratação pode ocorrer até 210 dias após o embarque da mercadoria. A liquidação também é realizada mediante o pagamento do importador. Nessa modalidade, o exportador pode ofertar melhores prazos a seu cliente no exterior. É realizado o adiantamento parcial ou total de moeda nacional (R$) equivalente à moeda estrangeira – isto é, uma antecipação do título de crédito. Assim, tanto no ACC quanto no ACE há os seguintes parâmetros de linha: não demandam valor mínimo e têm percentual de adiantamento de até 100% do valor de contrato de câmbio.

Perguntas & respostas

É possível realizar, na mesma operação, um ACC e um ACE?
Sim, os dois tipos de financiamentos podem ser realizados em uma mesma operação, mediante a transformação de um adiantamento de pré-embarque e de pós-embarque.

- **Adiantamento sobre contrato de câmbio indireto**: Permite ao exportador indireto financiar sua produção exportável com linhas de crédito externas, podendo valer-se do ACC indireto fabricantes de insumos que integrem o processo produtivo, de montagem e de embalagem de mercadorias destinadas à exportação; e fabricantes de bens exportados por *tradings*. A empresa exportadora do produto final deve, obrigatoriamente, declarar que tais produtos serão exportados.

O que é

Trading company é um tipo de organização que comercializa bens produzidos por terceiros nos mercados interno e externo e que realiza a importação de bens para posterior comercialização doméstica. No Brasil, a comercialização para o exterior via *trading company* é classificada como *exportação indireta*. Contudo, são tratadas como exportações diretas no âmbito fiscal – ou seja, sobre suas operações e sobre sua produção não incidem Imposto sobre Circulação de Mercadorias e Serviços (ICMS), Contribuição para o Financiamento da Seguridade Social (Cofins), Imposto sobre Produtos Industrializados (IPI) e contribuição do Programa de Integração Social e Programa de Formação do Patrimônio do Servidor Público (PIS/Pasep). Essa modalidade é muito vantajosa para o pequeno e para o médio produtor, que não costumam ter estrutura que suporte, individualmente, operações de comércio exterior.

Exercício resolvido

Linhas de financiamento permitem acesso a recursos financeiros de curto e de longo prazo, com custos compatíveis aos praticados no mercado internacional, para o financiamento de operações do comércio exterior brasileiro. Sobre essas linhas de financiamento, marque a seguir a alternativa correta:

a. Os adiantamentos sobre contrato de câmbio (ACC) podem ser empregados, pelo importador, como instrumento de ganho financeiro.

b. Um exportador de *commodities*, ao solicitar um adiantamento sobre contrato de câmbio (ACC), está antecipando recursos para a produção e a comercialização da mercadoria no exterior.

c. O adiantamento sobre contrato de câmbio (ACC) constitui um dos mais conhecidos mecanismos de financiamento à importação na fase de produção ou pré-embarque dos bens.

d. Debênture é um título de financiamento que viabiliza a produção da mercadoria no exterior.

Gabarito: b.

Feedback **do exercício**: Um ACC é destinado a um pré-embarque, logo, responde à produção de bens para o exterior; sendo assim, não se trata de uma linha de crédito para o importador. É por isso que, quando se trata de um contrato de exportação, a linha de crédito disponibilizada para essa modalidade é o ACC. Debênture é um título de crédito, mas não é orientado para essa modalidade.

Síntese

- O mercado de câmbio é o espaço onde as operações cambiais são monitoradas e fiscalizadas pelo Banco Central, que, de forma geral, cumpre e faz cumprir as disposições expedidas pelo CMN.
- Independentemente da operação cambial escolhida, é recomendado que sejam orientadas por instituições credenciadas/autorizadas pelo Banco Central.
- A entrada e a saída de divisas estrangeiras correspondem ao recebimento decorrente de exportações e ao pagamento das importações realizadas. Os pagamentos devem ser efetuados por meio da celebração e da liquidação de um contrato de câmbio via instituição financeira autorizada a operar no mercado de câmbio.
- As modalidades de pagamento utilizadas no comércio internacional são: pagamento antecipado, remessa sem saque, carta de crédito e cobrança.
- No pagamento antecipado, o importador envia ao exportador determinado valor antes do embarque da mercadoria. Após o pagamento, o exportador providencia o embarque do produto e o envio da documentação.
- A remessa sem saque constitui uma operação de alto risco ao exportador, visto que não há nenhuma garantia de que o importador cumprirá suas obrigações de pagamento.
- A carta de crédito é uma modalidade de pagamento muito usual em transações internacionais, pois oferece garantias tanto ao importador quanto ao exportador, sendo somente honrada mediante a apresentação completa e conforme a documentação estipulada nesse instrumento.

- A cobrança é a modalidade de pagamento que favorece o importador, podendo ser à vista ou a prazo.
- As operações de câmbio (compra e venda de moeda) são celebradas por meio de um contrato de câmbio. Nesse processo contratual, uma das partes é uma instituição financeira autorizada pelo Banco Central.
- Por meio de financiamentos, é possível alcançar melhores condições de competitividade do produto exportado no exterior. Existem linhas de financiamento especificamente orientadas ao provimento de recursos aos exportadores para a produção (fase pré-embarque) e para a comercialização (fase pós-embarque) nos regimes de ACC e ACE.

Gestão operacional e seus termos técnicos

Conteúdos do capítulo:

- Gestão operacional e seus termos técnicos.
- Negociação internacional.
- Internacionalização de empresas.
- Estratégias de internacionalização.
- Incoterms – *International Commercial Terms* (condições de venda).

Após o estudo deste capítulo, você será capaz de:

1. indicar como é realizada a negociação internacional;
2. identificar as principais barreiras comerciais impostas em negociações internacionais;
3. pormenorizar o processo de internacionalização quanto a seus conceitos e suas características;
4. tipificar as principais estratégias de internacionalização;
5. apontar as principais condições de vendas negociadas em operações de comércio internacional (Incoterms).

Neste capítulo, apresentaremos a terminologia técnica aplicada ao comércio exterior no que tange à gestão operacional. Analisaremos como essa temática se relaciona às métricas e à terminologia técnica dos organismos internacionais, dos órgãos anuentes e do livre comércio.

capítulo 3

3.1 Estratégias de negociação internacional

Após a instituição da Organização Mundial do Comércio (OMC), muitas barreiras antes impostas ao livre comércio foram derrubadas, também porque o mercado caminhava para a unificação global, estimulando negociações internacionais. Assim, o maior objetivo do advento da globalização foi atingido: o de beneficiar o usuário, que, agora, pode acessar itens de qualidade a preços competitivos (Maia, 2003).

Tratar de negociação internacional envolve, sobretudo, a análise e a avaliação de mercados externos, pois compreender o mercado externo é um aspecto crucial para qualquer modalidade de negociação, seja de importação, seja de exportação. Na negociação internacional, analisar e avaliar o mercado externo viabiliza ao país conhecer as sistemáticas do mercado em que se pretende atuar. Para tanto, é importante observar os aspectos geográficos, populacionais, culturais, religiosos e políticos; a matriz de transporte e de comunicação; os requisitos de qualidade; e as normas e exigências técnicas relacionadas à comercialização.

Uma forma de construir tal conhecimento é realizar visitas técnicas ao mercado de interesse, focalizando os aspectos citados anteriormente, e coletar as informações necessárias em órgãos nacionais e internacionais que atuem no comércio internacional. Em uma visitação técnica podem ser realizadas, por exemplo, entrevistas guiadas, bem como feito um levantamento de estrutura, demandas e oportunidades latentes do mercado-alvo. Essa fase compreende um diagnóstico, a partir do qual será possível detalhar toda a operação.

3.1.1 Blocos econômicos

Uma boa estratégia inicial é identificar os blocos econômicos em que o mercado-alvo atua e as modalidades de acordos comerciais firmadas. Como vimos, tanto a presença em blocos econômicos quanto o estabelecimento de acordos comerciais objetivam ampliar o acesso ao mercado internacional e, assim, potencializar a preferência por produtos do bloco ou, ainda, acordar a redução ou a isenção de alíquotas. Embora este seja um tema já abordado neste livro, vamos voltar a ele rapidamente.

Um bloco econômico se caracteriza, geralmente, pela união de países vizinhos com características e interesses comuns. Tal união visa ao fortalecimento de suas economias e à obtenção de maior força de representatividade perante os demais blocos econômicos e a economia mundial. Assim, operar por meio de blocos econômicos garante um melhor posicionamento das nações no cenário mundial, sobretudo quando se trata de nações emergentes, que podem usufruir de acordos comerciais e financeiros mais favoráveis à sua economia, ao passo que se desenvolvem social e economicamente.

Perguntas & respostas

Quais são os principais blocos econômicos ativos?
Atualmente, os seguintes blocos econômicos estão ativos:
- Associação Latino-Americana de Integração (Aladi);
- *North American Free Trade Agreement* (Nafta);
- Mercado Comum do Sul (Mercosul); e
- União Europeia (UE).

3.1.2 Avaliação do preço de mercado

De início cabe uma ressalva: a análise de preço não deve se limitar apenas ao preço de concorrência, uma vez que cabe avaliar o preço de mercado e a capacidade dele em comportar estratégias de precificação variadas.

Nessa perspectiva, Carvalho (2012) esclarece a importância de se avaliar o preço que se pratica no mercado de interesse, pois cada país tem um custo de mão de obra, um padrão de qualidade, um tipo de prestação de serviço, um custo de vida etc.; esses e tantos outros fatores podem elevar o preço de um produto.

Então, em negociações internacionais, cabe averiguar o comportamento de preços ante a realidade da nação em que deseja se inserir. Essa avaliação é crucial para que não sejam incorridos erros de projeção de mercado no que tange à oferta e à procura.

3.1.3 Barreiras comerciais

As relações entre as nações, intensificadas pelo fenômeno da globalização, diluíram as fronteiras e demandaram um posicionamento diante das relações internacionais. Tal posicionamento impacta, diretamente, seus processos e suas técnicas de negociação, pois, cada vez mais, essa prática deixa de ser um diferencial e passa à condição de vantagem competitiva. Assim, é possível observar que o posicionamento ante as relações internacionais é dual, visto que são observados, em dado momento, a adoção de políticas restritivas ao comércio exterior e, em outro, o incentivo a políticas de abertura comercial.

Eis aí o desafio dual de muitas economias: o protecionismo e a livre concorrência. Atualmente, observa-se um posicionamento misto, no qual há a abertura comercial de determinados segmentos e medidas protetivas em segmentos mais sensíveis ou estratégicos de suas economias. Gonçalves et al. (1998) definem protecionismo como a doutrina em que há o incentivo às exportações, por um lado, e a restrição às importações por meio de **barreiras comerciais**, por outro. Assim, a proteção da indústria nacional contra a ação comercial da concorrência estrangeira auxilia a manutenção da competitividade das organizações nacionais. Logo,

O protecionismo pode ser entendido como estratégias que determinada nação emprega com vistas a obter proteção contra práticas concorrenciais desleais e contra práticas que, de alguma forma, prejudiquem o equilíbrio da economia nacional.

A barreira comercial compreende "qualquer lei, regulamento, política, medida ou prática governamental que imponha restrições ao comércio exterior, principalmente no que tange à entrada de mercadorias e/ou serviços estrangeiros em um país" (Lopez; Gama, 2010, p. 130). As barreiras comerciais podem ser classificadas em *tarifárias* (também são chamadas de *barreiras alfandegárias*) e *não tarifárias*. Aquelas caracterizam o tipo de ação diretamente relacionada à aplicação de tributos, enquanto estas indicam os demais mecanismos que atuam como proteção, mas não se relacionam à questão quantitativa da tributação.

Segundo Lopez e Gama (2010), as barreiras tarifárias são um instrumento de política comercial empregado pelos Estados sob a forma de imposição tributária, a fim de, com isso, impactar os custos de entrada de produtos estrangeiros, via cobrança de tarifas de importação, taxas e valoração aduaneira. Entre as operações de comércio exterior aqui já estudadas, esse tipo de barreira se manifesta, sobremaneira, na atividade de importação, pela cobrança de tributos relacionados ao evento de ingresso de determinada mercadoria estrangeira.

O que é?

Em determinadas negociações internacionais, a cobrança sobre um item importado pode ser tão alta que inviabiliza a importação. Esse tipo de manobra se chama *tarifa proibitiva*.

As barreiras tarifárias têm, ainda, as funções de:

- atuar como fonte geradora de receita (pelo aumento da arrecadação de impostos);
- auxiliar o equilíbrio da balança de pagamentos (pela tributação, diminuir/inibir a ocorrência de operações que demandem a saída de divisas);

- proteger e fortalecer o produto (indústria) nacional da concorrência estrangeira.

As barreiras tarifárias podem ser classificadas em *barreiras específicas* e *barreiras ad valorem*.

Barreiras específicas se caracterizam pela aplicação de um valor sobre a unidade de medida em que o produto estrangeiro é transacionado. Por exemplo, a cobrança de determinada mercadoria importada a US$ 1,00 pode ser feita por quilo, por tonelada, por metro cúbico etc. Isso quer dizer que, além de pagar pelo quilo do produto, o importador deve acrescer US$ 1,00 para cada quilo do produto.

Barreiras *ad valorem* são aquelas em que é cobrado um percentual (alíquota) sobre o valor do produto importado. Nessa modalidade de barreira, a alíquota aplicada tem a mesma taxa de flutuação do produto. Essa medida protetiva se materializa no imposto de importação (II).

Para saber mais

Sobre o imposto de importação (II), recomendamos que o leitor(a) consulte o Regulamento Aduaneiro Brasileiro, instituído pelo Decreto n. 6.759, de 5 fevereiro de 2009. Nele, consta como essa tributação é aplicada aos produtos estrangeiros. Resumidamente, o II incide sobre o montante resultante da soma dos valores da mercadoria estrangeira, do frete internacional, do seguro internacional e das despesas de manuseio de carga. Para maiores detalhes, acesse o documento oficial.

BRASIL. Decreto n. 6.759, de 5 fevereiro de 2009. **Diário Oficial da União**, Poder Executivo, DF, Brasília, 6 fev. 2009. Disponível em: <http://www.planalto.gov.br/ccivil_03/_ato2007-2010/2009/decreto/d6759.htm>. Acesso em: 3 jan. 2022.

Já as **quotas tarifárias** visam restringir, de forma quantitativa, a entrada de produtos estrangeiros – ou seja, objetivam limitar a quantidade a ser importada de determinado item. Nessa modalidade de barreira, o valor cobrado sobre o produto estrangeiro é calculado sobre sua quantidade.

Perante isso, atualmente, opera-se com a **tarifa intraquota** (tarifamento menor para determinada quantidade de mercadoria) e com a **tarifa extraquota** (tarifamento aplicado quando a quota da primeira tarifa é ultrapassada, isto é, aplica-se uma tarifa maior às entradas que ficarem acima da quantidade especificada).

Em síntese, as barreiras tarifárias observam as diversas taxas relacionadas às operações de importação e tornam o produto importado mais caro. Assim, espera-se que o consumidor perca o interesse neles e opte por alternativas do mercado interno (produto doméstico), que, se comparadas ao produto estrangeiro, apresentam melhores preços.

A barreira não tarifária, por seu turno, compreende as demais formas de restrição à importação de determinado item, sem a incidência de tributação. Portanto, é uma forma de protecionismo que não envolve a imposição de tarifamento, uma vez que discriminam o item estrangeiro de forma mais subjetiva. No geral, estão atreladas a aspectos burocráticos relativos à entrada do item, como: medida restritiva à quantidade (quotas); licenciamento de importação; e procedimentos alfandegários (regulamentos técnicos).

As **quotas** compreendem restrições quantitativas em que é imposta a quantidade permitida a ser importada por determinado país (quotas). Por exemplo, no ano de 2012, antes de se exportar para a Argentina, era necessário que o importador emitisse uma solicitação na qual se comprometia a comprar de fornecedores externos itens como sapatos, roupas e autopeças. Somente assim era avaliada e autorizada a quantidade a ser exportada. Entre as barreiras não tarifárias, essa modalidade é apontada como a mais prejudicial, pois os critérios para a restrição desconsideram fatores competitivos internos. Observe que, se uma nação aplica esse tipo de barreira e não fomenta o desenvolvimento de sua produção doméstica, estará protegendo seus interesses apenas momentaneamente, visto que a baixa competitividade não será sanada. No longo prazo, medidas como essas podem se mostrar paliativas e ineficazes.

Nas quotas **globais**, a restrição não é limitada, ou seja, não há especificação limitante quanto à origem do produto. Nas **seletivas**, a limitação é apresentada em relação à origem da mercadoria; essa modalidade, contudo, não é bem-vista pela OMC, pois fere um de seus princípios: o de livre comércio. Na **licença de importação (LI)**, há a análise e a autorização prévia para a posterior importação de um item. No geral, tal sistemática ocorre pré-embarque, mas também pode ser realizada na origem, antes do desembaraço aduaneiro, como observam os critérios dos órgãos anuentes. A LI compreende o ato de requerer uma autorização no órgão anuente para que seja possível realizar determinada operação de importação. Para a solicitação de uma LI, alguns itens mínimos são exigidos: peso bruto e líquido; Nomenclatura Comum do Mercosul (NCM); regime tributário; cobertura cambial; *Incoterm*; dados do exportador, dados do fabricante, dados do importador (Werneck, 2011).

O que é?

A **Nomenclatura Comum do Mercosul (NCM)** é aquela empregada para a categorização de mercadorias transacionadas por países como o Brasil, a Argentina, o Paraguai e o Uruguai em suas operações de comércio exterior. Cumpre destacar que as NCMs possuem como base o **sistema harmonizado (SH)**, cuja função é facilitar o comércio internacional e seus respectivos controles.

O SH se constitui um código econômico universal para bens, sendo uma ferramenta de suma importância para o comércio exterior, pois ele permite que sejam atendidas as especificidades dos produtos por meio de um código de seis dígitos. Esse código é estabelecido levando-se em consideração o nível de sofisticação das mercadorias. O SH contém: nomenclatura, regras gerais para interpretação do sistema harmonizado e notas explicativas do sistema harmonizado. Esse código numérico permite o estabelecimento e a aplicação de regramentos a serem empregados em determinada mercadoria – assim, o código representa uma mercadoria propriamente.

Como as demais barreiras não tarifárias indicadas, a LI visa regular a entrada de mercadorias estrangeiras. Em importações de alimentos, medicamentos e brinquedos, a LI é obrigatória. No caso dos alimentos, a LI é importante pois, a partir dela, realizam-se a avaliação e o controle quanto à salubridade, à qualidade, ao preço e à segurança do item importado.

Perguntas & respostas

Quais são os regimes de licença de importação? Quanto tempo leva uma licença? Qual é sua validade?
Atualmente, existem três modalidades de licença: **licença dispensada** (não é necessária autorização); **licença automática** (para alguns itens que requerem licença, é concedida de forma automática, sem a necessidade de requerimento no órgão anuente); e **licença não automática** (obrigatória a produtos que requerem algum tipo de certificação concedida por outra instituição, como Inmetro, Anvisa etc.). No geral, um processo de licenciamento pode levar até 60 dias, e sua validade é de 90 dias, a contar da data de sua emissão.

Quanto aos **procedimentos alfandegários**, ou regulamentação técnica, compreendem uma forma de inibir/dificultar a entrada de produtos estrangeiros, aplicando normas e requisitos técnicos a produtos e a processos produtivos a serem atendidos pelo exportador. Cada nação pode elaborar e aplicar seus próprios regulamentos técnicos, sendo aprovados como práticas de comércio internacional.

O objetivo dessa modalidade é o de estabelecer um padrão de exigência ao produto importado no que diz respeito à segurança, à qualidade, à higiene, à proteção ambiental e às garantias do consumidor. Contudo, muitas vezes, a burocracia e os procedimentos de inspeções excessivos são caracterizados como barreiras impostas por essa modalidade, como embalagem, rótulo, terminologia, simbologia, produção etc. Em determinadas situações, são solicitadas amostras do produto para posterior análise, que pode ser física, documental, laboratorial etc.

Outro exemplo de regulamentação técnica é quanto aos requisitos sanitários e fitossanitários. Nessa modalidade, há a fiscalização das mercadorias importadas, a fim de proteger a saúde da população e o meio ambiente contra a entrada/disseminação de doenças, pragas, animais contaminados e produtos tóxicos ou proibidos.

> ### Exemplificando
>
> Muitas barreiras não tarifárias visam à proteção da saúde humana e do meio ambiente. Um exemplo disso são as cláusulas de contrato de cargas alimentícias e de embalagens de madeira que observam o controle fitossanitário por meio de processos de fumigação no embarque da mercadoria, que são atestados via certificado fitossanitário ou certificado de fumigação. Esse processo visa isentar produtos vegetais e embalagens de madeira de pragas. Já na exportação de carne, necessita-se de comprovação da eficiência de sua vacinação contra febre aftosa. Assim, são solicitados certificados que atestem os índices de imunização dos animais, ao que se observa o *status* de "país livre da aftosa".

No Brasil, o Instituto Nacional de Metrologia, Qualidade e Tecnologia (Inmetro) é o principal organismo a tratar de questões técnicas de operações internacionais. Ele centraliza as informações normativas, técnicas e regulamentárias quanto à avaliação e à demonstração da conformidade.

Além do Inmetro, outros organismos (internacionais e nacionais) são responsáveis pelas tratativas de barreiras técnicas, quais sejam:

- ABNT: Associação Brasileira de Normas Técnicas;
- ISO: Organização Internacional para Normalização;
- IEC: Comissão Eletrotécnica Internacional;
- UIT: União Internacional de Telecomunicações;
- Copant: Comissão Pan-Americana de Normas Técnicas;
- AMN: Associação do Mercosul de Normalização.

Ainda sobre as barreiras, há uma que, embora não seja técnica ou alfandegária, tem sido muito observada nas negociações internacionais: a **barreira laboral**. Nela, são estabelecidos critérios que inibem o desrespeito aos padrões mínimos de condições de trabalho, observando a legislação internacional. Por exemplo, países que utilizam mão de obra escrava ou infantil como fator de produção são listados como sendo de importação proibida ou restrita.

Por fim, é importante destacar que toda nação pode ter mecanismos que operem como barreiras comerciais. Logo, em negociações internacionais, é relevante verificar a existência de barreiras ao produto a ser exportado ou importado, com vistas a optar pela operação de comércio exterior mais adequada – exportar ou importar.

3.1.4 Medidas *antidumping*

Dumping compreende a venda (via exportação) de uma mercadoria a um preço menor do que o preço praticado no mercado interno, de forma a impactar a concorrência (Thorstensen, 1999). Portanto, para neutralizar os efeitos dessa prática desleal de comércio, os países adotam medidas protecionistas chamadas *antidumpings*. Tais medidas são empregadas após um processo de investigação pela OMC e pelo Departamento de Defesa Comercial do Brasil (Decom), o qual avalia a existência ou não de *dumping*. Caso seja evidenciada tal prática, é autorizada a cobrança de tarifas extras às operações de importação do produto reclamado.

Em relação ao Brasil, um exemplo comum de *dumping* são as importações chinesas. Os produtos provenientes desse país, em geral, são mais baratos do que os produtos brasileiros. Assim, as autoridades brasileiras constantemente investigam a ocorrência de *dumping* e a consequente aplicação de sobretaxas sobre esses produtos. A maioria das medidas *antidumping* brasileiras são contra a China, e foram alvo dessas medidas a importação dos seguintes itens: ferros de passar, armações de óculos, cadeados, pneus e calçados.

> **Exemplificando**
>
> Em 2008, a Associação Brasileira de Calçados solicitou ao Ministério da Indústria, Comércio Exterior e Serviços (MDIC) a investigação de *dumping* de importações de calçados provenientes da China. Então, em 2010, após a devida comprovação de que a China exportava o item a preço inferior ao praticado no mercado interno chinês, a Câmara de Comércio Exterior (Camex) autorizou a aplicação de uma respectiva medida *antidumping*, por cinco anos, sobre as exportações de calçados chineses. Cada par foi taxado em mais 13,85 dólares.

3.1.5 Subsídios

São incentivos financeiros diretos praticados por governos, como transferências de fundos, financiamentos especiais, perdão de dívidas. Esses benefícios permitem que uma organização nacional barateie o custo de produção e, assim, exporte com preços reduzidos, o que fortalece o mercado interno e inibe novos entrantes. Logo, em determinadas classes de produtos, há mais exportação do que importação.

Subsídios são mecanismos protetivos ilegais que, quando identificados e comprovados, são neutralizados por medidas compensatórias. Sua ação visa neutralizar os efeitos danosos decorrentes da importação de itens subsidiados (Thorstensen, 1999). Um exemplo de medida compensatória foi a que o Brasil, em 2009, obteve ante os Estados Unidos, tendo sido autorizado, pela OMC, punir o país em US$ 830 milhões em decorrência dos subsídios comprovadamente ilegais concedidos pelo governo americano à indústria de algodão.

Thorstensen (1999) esclarece três condições que caracterizam o subsídio:

1. contribuição financeira direta advinda de órgão público;
2. existência de um benefício (empresa/segmento) que caracterize uma posição de vantagem perante as práticas comerciais;

3. especificidade em relação ao destino – isto é, ser concedido à empresa/segmento em risco no que tange à prática da concorrência internacional.

Então, tarifa e subsídio não são a mesma coisa. Como vantagem, o subsídio não eleva o preço do produto doméstico e evita/amortece o impacto da ação de novos entrantes mais competitivos no mercado interno. Como desvantagem, não gera renda; ao contrário da tarifa, que gera receitas, os subsídios apenas acarretam despesas.

Exercício resolvido

Barreira comercial compreende a aplicação de estratégias restritivas a algumas situações de comércio exterior, principalmente no que se refere à entrada de mercadorias estrangeiras. De modo geral, pode ser compreendida como uma forma de proteção da economia, quando se detecta que as relações internacionais estão prejudicando a produção nacional de um país. Sobre barreiras comerciais, assinale a alternativa correta:

a. Determinada carga de uma empresa brasileira foi recusada, pois o madeiramento utilizado não sofreu tratamento. Isso ocorreu devido à barreira não tarifária por quotas.

b. Subsídio é quando uma empresa pratica preços de exportações inferiores aos preços que pratica internamente com o objetivo de eliminar a concorrência.

c. *Antidumping* são mecanismos ilegais que, quando comprovados, são neutralizados por medidas de salvaguarda.

d. Na aplicação prática de barreiras laborais, há termos que atestam que, na produção de um país exportador, por exemplo, não há uso de mão de obra escrava.

Gabarito: d.

Feedback **do exercício:** Na alternativa (a), embora o procedimento aduaneiro esteja adequado, não se refere a quotas, e sim a barreiras fitossanitárias, que determinam que materiais como a madeira devem ser tratados quimicamente, de forma a eliminar pragas em seu interior. Já a descrição presente na alternativa (b) é referente a *dumping*; subsídio é quando, para baratear o custo de produção e, assim, exportar com preços reduzidos, são concedidos incentivos financeiros diretos pelo governo. O *antidumping* é a medida aplicada quando se detecta o *dumping*. No caso descrito na alternativa (c), trata-se do subsídio que é neutralizado por medidas compensatórias e de salvaguarda. Por fim, as barreiras laborais são aquelas que estabelecem critérios que inibem o desrespeito aos padrões mínimos acerca das condições de trabalho.

3.1.6 Salvaguardas

Salvaguardas são medidas protecionistas que visam aumentar, temporariamente, a proteção à indústria nacional na seguinte condição: prejuízo ou ameaça de prejuízo grave decorrente do aumento de importações (surtos de importação) de determinado item. Nessa modalidade, é aplicada uma restrição total ou parcial à entrada de determinado produto estrangeiro.

Como defende Thorstensen (1999, p. 141), salvaguardas "devem ser aplicadas a um produto importado independentemente de sua origem. Portanto, não é um instrumento seletivo, como o *antidumping* ou o direito compensatório". Assim como o *dumping*, na salvaguarda é necessária a comprovação do dano, ou seja, requer processo investigatório.

Em 1998, o governo da Colômbia tentou aplicar medidas de salvaguarda aos tecidos de procedência brasileira e indiana, para que seu setor têxtil conseguisse ajustar-se às novas condições de concorrência do mercado. No entanto, tais medidas foram revogadas, pois não foi comprovado dano à indústria nacional colombiana.

> **Perguntas & respostas**
>
> **Qual é o reflexo de barreiras comerciais no comércio e nas relações internacionais?**
> O reflexo é o estabelecimento de uma relação dual na qual se observa a necessidade de liberalização das relações internacionais, ao mesmo tempo em que se criam entraves ao processo de integração decorrente da intensificação de trocas promovidas pelas relações internacionais.

3.2 Internacionalização de empresas

A internacionalização é um processo crescente e contínuo de desenvolvimento (relações) de uma empresa nas operações comerciais com outros países. Resumidamente, a internacionalização corresponde a um processo de participação crescente de organizações nas operações internacionais (Maia, 2003).

Uma mercadoria, independentemente de sua origem, pode ser ofertada ao consumo em qualquer parte do globo. Como atestado por Lahóz (2000), tal constatação é efetiva e irreversível, visto que, nunca antes, as nações buscaram tanto integrar suas economias. Assim, as grandes empresas mundiais se estenderão pelo globo, ignorando fronteiras e superando antigas barreiras.

Nesse contexto, o processo de internacionalização se tornou algo inevitável. Muitas são as possibilidades de atuação discutidas pelas organizações, como: operação de exportação, fusão, aquisição, alianças estratégicas e instalação de subsidiárias. Contudo, cabe destacar que esse movimento exige das companhias preparo e competência em sua gestão operacional.

Prasad e Shetty (1977), em seus estudos, alertavam que o sucesso de uma organização internacional depende, além de tecnologia, de recursos financeiros e de visão de mercado, sendo necessário dispor de excelência em sua administração. Assim, as organizações demandam estabelecer estratégias que as mantenham inseridas nesse ambiente competitivo, e que, ao mesmo tempo, permita-lhes crescer. Nesse viés, Urbasch (2004) e Soares (2004) salientam a necessidade de incentivo à internacionalização de empresas, com destaque para as brasileiras. Os autores pontuam, ainda, que a difusão mais ampla desse conceito e de suas vantagens pode contribuir para uma reversão de contexto.

A seguir, discutimos algumas teorias que fundamentam o processo de internacionalização de empresas.

De acordo com o **modelo de Uppsala**, resultante dos estudos de Johanson e Vahlne (1990), o processo de internacionalização ocorre evolutiva e gradativamente. Segundo esse modelo, a internacionalização se inicia com operações internacionais de baixo envolvimento, e esse nível aumenta conforme o incremento de conhecimento sobre o mercado e suas operações, podendo chegar a um alto nível de envolvimento que sustente sua instalação no exterior.

A **teoria eclética de internacionalização**, baseada nos estudos Dunning (1988), visa explicar como ocorre o processo de decisão de uma organização de se internacionalizar ou não. Esse modelo aplica uma avaliação cruzada entre as características do país-alvo, da indústria e das estratégias empresariais. Desse cruzamento, surgem quatro motivos que justificam a internacionalização:

1. maior capacidade produtiva e de participação no mercado por meio de fusões e de aquisições;
2. exploração de recursos e de tecnologias abundantes e de mão de obra com menor custo;
3. desenvolvimento de mercados estratégicos que atendam à demanda do mercado interno ao mesmo tempo em que se habilita a exportação;
4. maior eficiência e aproveitamento da economia de escala.

Kraus (2000) estruturou sua pesquisa nessa temática e propôs um **modelo de internacionalização com etapas progressivas de aprendizagem**, com foco em empresas brasileiras. Conforme o autor, a concepção de um modelo "com poder explicativo para a realidade das empresas produtoras exportadoras brasileiras encontra respaldo na evidência de que no Brasil a grande maioria das empresas internacionaliza-se mediante o desenvolvimento de exportações" (Kraus, 2000, p. 86).

Nesse modelo, para a organização se internacionalizar, deve passar por quatro fases de envolvimento:

1. **pré-envolvimento** – o *status* da organização é de não exportadora ou pré-exportadora;
2. **envolvimento passivo** – a organização passa do *status* de exportadora irregular para o de exportadora passiva;
3. **envolvimento ativo** – a organização passa do *status* de exportadora pré-ativa para o de exportadora ativa); e
4. **envolvimento comprometido** – a organização já se encontra no estágio de internacionalização com investimentos.

Para saber mais

O processo de internacionalização de empresas é, ainda, um tema de difícil digestão por muitos empresários brasileiros. Uma produção realizada pela Fundação Dom Cabral, em 2010, intitulada "Ranking das transnacionais brasileiras", apontou a empresa JBS-Friboi como a organização com maior índice de transnacionalidade no *ranking* 2010, com 83,6% de suas vendas e 64,0% de seus colaboradores no exterior. Contudo, o estudo ainda revelou que o grupo tem apenas 37,3% dos seus ativos no exterior (Ramsey, 2010). RAMSEY, J. R. et al. **Ranking das transnacionais brasileiras 2010**: repensando as estratégias globais. Nova Lima: FDC, 2010. Disponível em: <https://ci.fdc.org.br/AcervoDigital/Relat%C3%B3rios%20 de%20Pesquisa/Relat%C3%B3rios%20de%20pesquisa%202010/ Relat%C3%B3rio%20Ranking%202010%20-%20Portugu%C3%AAs. pdf>. Acesso em: 3 jan. 2022.

Outro segmento que merece destaque quando o assunto é transnacionalidade é o de siderurgia. A Gerdau, por exemplo, ocupa a segunda posição no *ranking* das transnacionais brasileiras, com operações ativas em 14 países, sendo a maior produtora de aços longos da América Latina

(48,2% de suas vendas), sendo que 54,4% de seus ativos e 46% de seus colaboradores estão no exterior.

Atualmente, o processo de internacionalização recebe incentivo nacional do Banco Nacional de Desenvolvimento Econômico e Social (BNDES), na concessão de linhas de financiamento para investimentos no exterior, por meio do Financiamento a Empreendimentos (Finem); do Itamaraty, no auxílio e na facilitação das atividades de internacionalização, atuando em processos de negociação no que diz respeito à diminuição de barreiras comerciais e à instalação de subsidiárias no mercado internacional; e da Apex Brasil, na oferta de serviços de apoio às pequenas e às médias empresas para atuação internacional.

Minervini (2008) aponta as seguintes vantagens da internacionalização:

- Auxílio no posicionamento da organização, pois, devido sua presença no exterior, pode faturar mais e se posicionar como um *player* relevante na arena competitiva.
- Possibilidade da prática de preços mais rentáveis e competitivos, pois, operando em outras localidades, a empresa acessa outras formas de custeio de sua produção, que, se forem favoráveis, podem ser repassadas a sua mercadoria.
- Prolongamento do ciclo de vida dos produtos, que podem apresentar diferentes demandas.
- Diminuição da dependência do mercado interno, pois, mesmo que questões internas (por exemplo, uma recessão) afetem o desempenho local, a empresa ainda consegue manter suas operações.
- Incremento da qualidade de produto, pois, com a empresa operando em mercados que exigem determinados padrões de qualidade, para se manter atuante, necessita se adequar a seus compradores.
- Possibilidade de diminuição da carga tributária.

Outra vantagem da internacionalização é a possibilidade de alinhamento com outras realidades, outros entrantes, outras exigências de mercado e de negociação. Todas essas questões resultam em uma maior competitividade para a organização. Em síntese, a internacionalização se revela como uma vantagem à empresa e ao país, quando bem planejada. Com isso, no próximo tópico discutiremos quais são as estratégias para se desenvolver a internacionalização.

3.3 Estratégias de internacionalização

Compreendem estratégias de entrada em mercados externos. Tal expansão internacional pode ocorrer via exportação; acordos de licenciamento *(franchising)*; alianças estratégicas, aquisições e estabelecimento de subsidiárias. Vejamos cada um deles.

Licenciamento/*franchising*

No licenciamento, a empresa estrangeira, por meio de um contrato, compra o direito de produzir e/ou vender os produtos e/ou serviços de uma organização em um país anfitrião. Nessa modalidade, há dois atores: o licenciador e o licenciado. Ao licenciador, são pagos *royalties*; já o licenciado assume os riscos e os investimentos decorrentes das operações de manufatura, comércio e distribuição. Logo, essa modalidade é uma estratégia de comercialização direta do direito de uso de determinada marca, patente, infraestrutura, *know-how* (conhecimento) e distribuição (Soares, 2004).

Essa estratégia também pode ser classificada como uma espécie de *clonagem de negócio*, pois proporciona que o serviço/produto, o conceito e a imagem da marca sejam replicados em diferentes localidades, nas diversas unidades espalhadas pelas regiões de atuação. Quanto à sistemática dessa estratégia de internacionalização, são disponibilizadas aos franqueados oportunidades já estruturadas de ganhos de forma rápida e segura, pois o modelo já se encontra estabelecido. Para o proprietário da marca, é ofertada a possibilidade de expansão de seu negócio, ao permitir que o mesmo produto/serviço seja entregue em distâncias internacionais. Por meio dessa estratégia se alcançam mercados específicos, possibilitando maior crescimento organizacional.

Cabe destacar que, no contrato de licenciamento, são negociados termos relativos ao processo de fabricação, ao uso da marca registrada, à patente, ao sigilo comercial, à manutenção e ao respeito ao conceito de negócio etc. (Soares, 2004). O termo *franchising* significa **conceito de**

negócio, visto que essa modalidade compreende um formato de negócio que visa à sua reprodução em diferentes locais e sob a responsabilidade de diferentes pessoas.

Alianças estratégicas *(joint ventures)*

Uma aliança estratégica, no âmbito da internacionalização, ocorre quando uma empresa de determinado país, que já conhece e domina a arena competitiva do segmento de interesse no que se refere a termos normativos, sociais, culturais e econômicos, auxilia outra empresa estrangeira a comercializar sua mercadoria de forma competitiva no mercado interno. Nada mais é, portanto, do que uma relação contratual de colaboração empresarial na qual são compartilhadas redes de informação e de distribuição de parceiros locais.

Como atestado por Churchill Jr. e Peter (2005), a vantagem dessa estratégia inclui a capacidade de combinar pontos fortes e fracos dos envolvidos, criando valor e potencializando a capacidade de comercialização internacional.

Aquisição

Compreende a compra de uma empresa no país-alvo. Entretanto, não é uma simples compra, pois demanda negociações complexas; atendimento a muitos detalhes burocráticos e legais; e necessidade de adaptação de diferentes culturas corporativas (Lethbridge; Naiditch, 2005). Nessa estratégia, uma empresa já estabelecida é adquirida por outra, que passará a utilizar sua estrutura e seu mercado para distribuir seus produtos em determinado mercado-alvo.

A aquisição, porém, nem sempre é um processo rápido em termos de adaptação, visto que é preciso alinhar diferentes culturas e estratégias para, assim, se atingir o objetivo desejado. Para Minervini (2008), essa questão da internacionalização via aquisição de uma empresa é uma manobra que requer planejamento a fim de se alcançar a meta. Ainda, de acordo com Lethbridge e Naiditch (2005), o sucesso dessa estratégia está atrelado à capacidade de sensibilidade que a empresa compradora deve desenvolver para compreender as muitas diferenças e os benefícios que tal aquisição pode proporcionar para a organização em sua atuação internacional. Um exemplo a ser citado é a atuação da Gerdau, que, em operações desse tipo, realiza uma aproximação de culturas corporativas das unidades adquiridas no exterior, que ocorre via visitas de intercâmbio técnico, o que viabiliza a apropriação de diferenças e proporciona múltiplas aprendizagens.

Logo, uma característica dessa modalidade é seu emprego por grandes *players*, que acreditam que adquirir empresas em determinados mercados-alvo pode acelerar seus projetos de internacionalização. Nas últimas décadas, o movimento de aquisições foi encabeçado por empresas japonesas e árabes. Atualmente, são os chineses os principais compradores mundiais, investindo seu excedente cambial em muitas aquisições pelo mundo. No Brasil, podem ser citadas as seguintes organizações que já atuam em processos de internacionalização: Gerdau, Vale, Marcopolo, Tigre, Weg e Ambev.

Subsidiária própria

Compreende a produção de determinada mercadoria no país de destino por meios próprios. Essa modalidade também é denominada *investimento direto no exterior,* ou *greenfield venture* (Lethbridge; Naiditch, 2005).

Das modalidades apresentadas, essa é a mais complexa e cara, mas é a que mais garante o controle sobre as atividades. Lethbridge e Naiditch (2005) consideram como vantagens dessa estratégia de internacionalização: maior controle; possibilidade de reduções de custos; e possibilidade de melhoria da imagem institucional no país anfitrião, uma vez que gera emprego, desenvolvimento e renda.

Assim, cabe às organizações repensarem sua posição internacional, pois aquela que se expõe a diversos mercados tende a adquirir mais aprendizado e a desenvolver sua capacidade adaptativa, além de inovar rumo a uma atuação global. No que se refere ao Brasil, é interessante fomentar o avanço das estratégias de internacionalização de empresas, pois a competitividade de uma nação também está diretamente relacionada ao crescimento de suas organizações a nível global.

Exercício resolvido

Cada vez mais as organizações demandam estabelecer estratégias que as mantenham inseridas em um ambiente competitivo, dinâmico e global que, ao mesmo tempo, favoreça o crescimento. Compreender como tais estratégias de expansão internacional atuam é primordial para empresas que desejam operar em negociações internacionais. Com base no contexto apresentado, indique a alternativa correta:

a. Por ser equiparada à prática do subsídio, a internacionalização de empresa não é incentivada no Brasil, haja vista sua reputação negativa nos organismos internacionais, como a OMC.

b. A modalidade de estratégia de internacionalização via subsidiárias é a mais complexa e cara, mas é a que mais garante controle sobre as atividades realizadas.

c. A estratégia *joint venture* compreende a compra de uma empresa em um país-alvo, aquisição complexa e que exige do comprador o atendimento a muitos detalhes burocráticos e legais, tanto do país de origem quanto do país-alvo, sendo necessário, ainda, adaptar e integrar diferentes culturas corporativas.

d. *Greenfield venture* corresponde a uma estratégia de internacionalização que visa à clonagem de negócios, permitindo que o serviço/produto, o conceito e a imagem da marca sejam replicados em diferentes localidades.

Gabarito: b.

Feedback do exercício: A internacionalização é um processo legal e permitido pelos organismos internacionais. No Brasil, atualmente, o processo de internacionalização recebe incentivo de estruturas como o BNDS, o Itamaraty e a APEX Brasil. O *joint venture* compreende uma aliança entre duas organizações de diferentes países, de modo que uma empresa local auxilia outra empresa estrangeira a comercializar sua mercadoria de forma competitiva no mercado interno. A descrição da alternativa (d) é referente ao licenciamento; o *greenfield venture* diz respeito a subsidiárias próprias que garantem maior controle sobre as atividades realizadas, pois tudo será feito pela empresa de origem dentro de um país anfitrião.

3.4 International Commercial Terms (Incoterms)

Com a intensificação das relações comerciais, era esperado que conflitos de âmbito administrativo fossem surgir ao longo das tratativas. Assim, de forma a dirimir tais conflitos, foi necessário criar regras internacionais que, de forma imparcial, trouxessem uniformidade às negociações internacionais dos direitos e das obrigações entre exportadores e importadores, o que fez surgir os *International Commercial Terms* (Incoterms), mais conhecidos, no Brasil, como *condições de venda*. Os Inconterms representam um conjunto de regras do comércio internacional que definem e delimitam as obrigações e as responsabilidades do importador e do exportador.

O que é

Os **Incoterms** compreendem um conjunto de regras comerciais definidas pela Câmara Internacional do Comércio *(International Chamber of Commerce – ICC)* desde 1936, cujo objetivo é padronizar os termos combinados entre as organizações ao firmarem um contrato de operações de comércio exterior (importação ou exportação).

A cada década, esse conjunto de regras é revisado e adequado às oportunidades de melhoria identificadas, com vistas a elaborar novas determinações. De forma geral, tal revisão busca refinar e alinhar as tratativas das relações comerciais entre as nações.

Os Incoterms determinam as responsabilidades tanto do exportador quanto do importador em suas operações de comércio exterior, isto é, nesses termos estão resumidas as obrigações relacionais entre as nações quanto a aspectos como transferência de risco, partilha de custos, seguros, despachos aduaneiros e prazos de entrega. Ainda, o estabelecimento de Incoterms atribui a responsabilidade pela carga tanto ao exportador quanto ao importador; e, quando são agregados aos contratos de compra e de venda, adquirem força legal.

A ICC lançou, globalmente, no dia 10 de setembro de 2019, a nova versão dos Incoterms. No Brasil, o lançamento oficial ocorreu em 21 de outubro de 2019 e entrou em vigor em 1º de janeiro 2020. As obrigações mínimas do comprador e do vendedor são: quanto ao frete internacional e nacional, à embalagem, às licenças de importação e de exportação, aos seguros, à movimentação em terminais, às liberações em alfândegas e à obtenção de documentos.

Atualmente, são 11 os Incoterms divididos em grupos modais: marítimo, fluvial e lacustre; há outro grupo, porém, cujas operações podem dedicar-se a qualquer outro modal.

A seguir, apresentamos os 11 termos de acordo com sua versão, conforme exposto por Keedi (2020).

Ex Works (EXW) na origem (local de entrega nomeado)

Nesse termo, a mercadoria é entregue e posta à disposição do exportador no local e no ponto definidos pelo importador. Assim, o exportador disponibiliza a carga acondicionada em embalagem apropriada em suas instalações, sendo sua participação limitada a esse momento.

Figura 3.1 – EXW

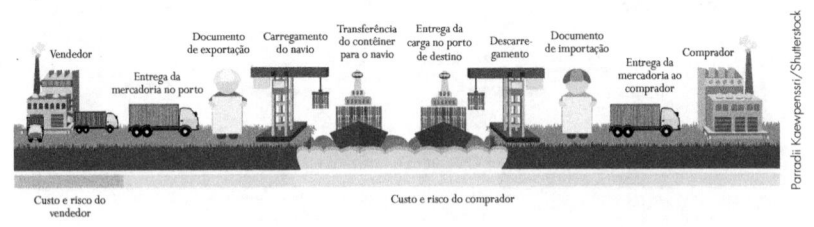

Em outras palavras, o exportador se limita apenas a disponibilizar a mercadoria ao importador em seu domicílio, no prazo estabelecido, não sendo sua responsabilidade os termos de desembaraço de exportação, de carregamento e de transporte. Cabe ao comprador contratar e custear o transporte e o seguro.

No EXW, o risco de extravio e de avaria da carga é do importador, a partir do momento em que a carga é colocada à sua disposição no local e na data acertados. Esse termo comporta todos os modais. Dessa forma, o importador deve providenciar a coleta do material, o transporte interno no país de origem da carga, o embarque internacional, os possíveis licenciamentos, o frete nacional, o seguro da carga e o que mais for necessário para receber a mercadoria. Ao exportador cabe somente emitir a documentação de exportação.

Dos termos existentes, o EXW é o de menor responsabilidade para o vendedor e o de maior responsabilidade para o comprador. Do ponto de vista operacional, o grau de exigência ao importador é alto, uma vez que ele precisa ou utilizar todo o seu conhecimento em estrutura logística e em aspectos legais e comerciais do país de origem de sua carga ou cercar-se de prestadores de serviços (operadores logísticos) capacitados para realizar os procedimentos necessários para que a carga chegue ao país de destino.

Free Alongside Ship (FAS) ou livre ao lado do navio (porto de embarque nomeado)

Nesse termo, o exportador somente se isenta da responsabilidade sobre a carga desembaraçada para exportação quando esta for colocada ao lado da embarcação designada pelo importador no porto de embarque indicado.

Figura 3.2 – FAS

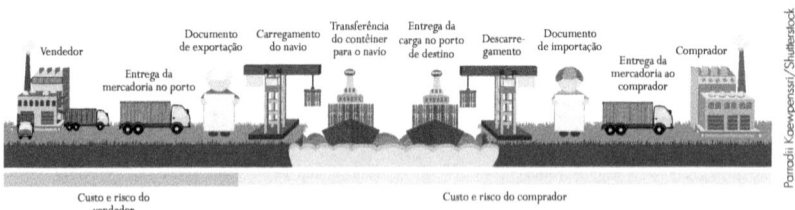

Portanto, a contratação de seguro de carga e de frete internacional fica a cargo do importador, assim como o risco de perdas e de avarias. Os trâmites aduaneiros na exportação são de responsabilidade do exportador, quando for o caso. Nesse termo, o exportador não se envolve com trâmites alfandegários na importação e na passagem por terceiros países. Contudo, ele pode facilitar os trâmites burocráticos na aduana de origem para o importador, agregando, assim, serviço ao processo de venda.

Free on Board (FOB) ou livre a bordo (porto de embarque nomeado)

Nesse termo, o transporte indicado é o aquaviário. A responsabilidade do exportador finda somente quando há a transposição da carga sobre a amurada do navio no porto de origem. Assim, os trâmites e os custos aduaneiros são providenciados pelo exportador, que deve desembaraçar a carga; o transporte internacional, contudo, é de responsabilidade do importador.

Figura 3.3 – FOB

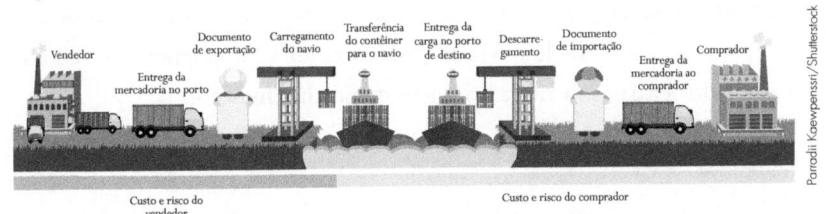

*Essa modalidade de termo é a condição de venda mais utilizada em operações do comércio exterior brasileiro. Cumpre destacar que, embora apresentem semelhanças operacionais, a diferença entre o FOB e o FAS reside nos custos com o manuseio de carga no porto de exportação, uma vez que, no FOB, tais custos são de responsabilidade de ambas as partes, enquanto no FAS os custos ficam a cargo do importador.

Free Carrier (FCA) ou livre no transportador (local de entrega nomeado)

Nesse termo, o exportador entrega a carga desembaraçada para exportação aos cuidados de um transportador internacional indicado pelo importador em algum local designado e realiza o carregamento no veículo transportador. A entrega da carga somente pode ser considerada concluída quando:

- o local for o estabelecimento do vendedor e a carga estiver carregada no meio de transporte indicado pelo importador;
- o local não for o estabelecimento do vendedor e a carga estiver à disposição do transportador para ser descarregada.

O exportador assume os custos e os riscos das operações até a entrega da carga. Quanto ao seguro, cabe ao importador contratá-lo e custeá-lo, se assim desejar; já o transporte fica a cargo do importador.

Os trâmites alfandegários, na exportação, são providenciados e custeados pelo exportador, que presta assistência ao importador na importação. Por outro lado, o importador presta assistência ao exportador na exportação, além de providenciar e custear a importação.

Cost and Freight (CFR) ou custo e frete (porto de destino nomeado)

Nesse termo, o exportador é responsabilizado pelos custos anteriores ao embarque internacional, inclusive pelo desembaraço de exportação, e pela contratação do frete internacional da carga. Os principais atrativos desse termo são a comodidade e o serviço oferecidos ao importador. Cabe ao exportador entregar a carga no porto de destino indicado.

Figura 3.4 – CFR

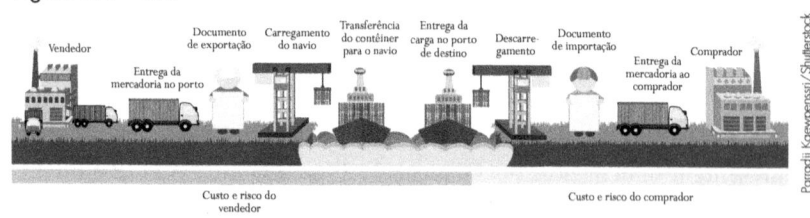

Nessa modalidade, o importador se responsabiliza pelos riscos de perdas e avarias somente quando a carga ultrapassa a amurada do navio. O transporte é contratado e pago pelo exportador do local de origem até o local de destino; já o seguro é pago pelo importador a partir do momento em que a carga se encontra no navio. Na prática, o emprego dessa modalidade é comum em situações em que o exportador consegue melhores condições para seu cliente ao definir o transportador internacional.

Cost, Insurance and Freight (CIF) ou custo, seguro e frete

No termo CIF, a entrega da carga é realizada a bordo do navio, no porto de embarque, com frete e seguro internacionais já contratados e pagos pelo exportador. Os demais custos e riscos sobre a carga são de responsabilidade do importador.

Esse termo segue as mesmas orientações do CFR. A diferença entre ambos está na responsabilidade adicionada ao exportador no que tange ao seguro marítimo com cobertura mínima da carga, salvo se tiver sido celebrado outro acordo.

Carriage Paid to (CPT) ou transporte pago até (local de destino nomeado)

O exportador fica responsável por contratar o frete de transporte da mercadoria até um local designado e por desembaraçar a carga. Também é de sua responsabilidade o custo de carregamento.

Já o importador se responsabiliza pelos riscos de perdas e por qualquer custo extra após a entrega da mercadoria à custódia do transportador. Cabe ao importador contratar e custear o seguro, se assim o desejar. Os trâmites alfandegários, na exportação, são por conta do exportador, enquanto trâmites e direitos alfandegários da importação e da passagem por terceiros países ficam a cargo do importador.

O exportador corre riscos até o momento da entrega da carga ao transportador. O risco do importador começa quando a carga foi entregue ao transportador.

Carriage and Insurance Paid to (CIP) ou transporte e seguro pago até (local de destino nomeado)

Esse termo segue as premissas do CPT, e a distinção repousa no fato de que, no CIP, o exportador arca com o seguro mínimo da carga durante o frete internacional. O exportador corre risco até o momento da entrega da carga ao transportador, sendo os trâmites alfandegários de exportação responsabilidade do exportador, quando forem aplicáveis. Cumpre destacar que o exportador não tem nenhuma obrigação quanto aos trâmites da importação e da passagem da carga por terceiros países.

Delivery at Place (DAP) ou entregue no local (local de destino nomeado)

A mercadoria é posta à disposição do importador no porto de destino da carga, ainda no interior do navio, antes de ocorrer o desembaraço de importação. O importador assume a responsabilidade pela descarga e pelo desembaraço da carga até sua chegada ao destino.

Após o desembaraço, o exportador volta a se responsabilizar pela carga, mas apenas pela parte do transporte local no país de destino até a entrega da mercadoria ao local do importador. O exportador não tem a obrigação de fazer seguro da carga e de arcar com a importação e o trânsito por terceiros países, mas é de sua responsabilidade trâmites alfandegários de exportação.

Delivery Duty Paid (DDP) ou entregue com direitos pagos (local de destino nomeado)

Nesse termo, o exportador tem o máximo compromisso pela carga oposto ao que acontece no EXW. É ele quem assume a entrega da carga no país de destino, o desembaraço de importação, os riscos, os custos com impostos e com taxas e outros encargos incidentes da importação.

Delivered at Place Unloaded (DPU) ou entregue no local desembarcado (local de destino nomeado)

O exportador assume as responsabilidades por entregar a carga em terminal portuário de destino, não havendo necessidade de desembaraçá-la. No entanto, assume os custos e os riscos inerentes ao frete até o porto de destino e à descarga da mercadoria. O risco do exportador finaliza quando a mercadoria é colocada à disposição do importador, ou seja, descarregada no local de destino; contudo, as operações de descarga são por conta e risco do exportador. O exportador contrata e paga o transporte da carga do local de origem até o local de destino, mas não é sua obrigação segurar a carga.

Observe que esse é o único termo em que o exportador tem a obrigação de desembarcar a mercadoria na entrega.

Exercício resolvido

Os Incoterms são um conjunto de condições de vendas internacionais criado para a redução das disputas comerciais e para potencializar o sucesso de negócios em trocas internacionais. Com base nisso, assinale a alternativa correta:

a. Esse conjunto de regras sofre revisão sempre que soluções e oportunidades de melhoria são identificadas e quando novas determinações são elaboradas.

b. O *Delivery Duty Paid* é o termo de menor responsabilidade para o vendedor e o de maior responsabilidade para o comprador.

c. No *Free on Board*, os custos com manuseio de carga no porto de exportação são de responsabilidade tanto do exportador quanto do importador.

d. A modalidade *ExWorks* é a única em que o exportador tem a obrigação de desembarcar a mercadoria na entrega.

Gabarito: c.

Feedback do exercício: Os Incoterms são revisados a cada 10 anos, a fim de encontrar soluções e oportunidades de melhoria. No DDP, o exportador tem um compromisso máximo pela carga. A modalidade EXW é a de menor responsabilidade para o exportador, logo, não cabe a ele desembaraçar a carga.

É importante destacar que os Incoterms se limitam, exclusivamente, às obrigações das empresas exportadoras e importadoras – ou seja, não atuam com terceiros envolvidos nas operações, como manipulação da carga, monitoramento e transporte de mercadorias. Sendo assim, contratos de transporte, seguro, pagamentos e honorários de profissionais não têm relação com os Incoterms.

É oportuno esclarecer que o uso de Incoterms não é obrigatório, podendo as partes firmarem qualquer outra forma de compromisso comercial, como um contrato de compra e venda que detalhe as condições da operação em curso. Contudo, uma vez que tenha sido acordado um dos termos oficiais, e este tenha sido registrado nos documentos comerciais, as partes envolvidas têm de assumir as obrigações dispostas no termo.

Síntese

- A negociação internacional demanda a superação de muitos desafios por meio da compreensão e da gestão de estratégias de cooperação e de competição entre os países.
- Embora o livre comércio entre as nações seja necessário, igualmente importantes são as medidas protecionistas como resposta à concorrência desleal.
- As barreiras comerciais são aplicadas sobre as importações conforme o interesse e a política de cada nação.
- A barreira tarifária, ao mesmo tempo em que dificulta a entrada de mercadorias estrangeiras, também atua como fonte de arrecadação do Estado.
- A barreira não tarifária, ao criar mecanismos burocráticos (medida restritiva à quantidade, ao licenciamento e aos procedimentos técnico-alfandegários), busca desestimular a entrada de produtos estrangeiros.
- Práticas comerciais como *dumping* e subsídios são consideradas manobras desleais ante o comércio internacional.
- As organizações internacionais operam em mercados que, cada vez mais, exigem uma gestão especialista que conheça e domine as relações comerciais, culturais e relacionais a nível mundial.
- A necessidade de se criar um padrão de regras comerciais internacionais fez surgir um conjunto de termos internacionais cujo emprego nas relações comerciais visam a minimizar desentendimentos acerca de direitos e deveres de exportadores e importadores.

Estudo de caso

Uma empresa brasileira, atuante no segmento de tecnologia da informação, está interessada em se internacionalizar. O desafio, aqui, é entender a problemática e oferecer uma solução ao caso.

Texto do caso

A MicronTech, empresa que atua no segmento de sistemas de tecnologia desde 2000, no Estado de Santa Catarina, tem participação em uma *holding* de engenharia *software* operante no Brasil há mais de 35 anos.

O mercado de atuação dessa *holding* é: atendimento e prospecção de clientes por meio de atividades de engenharia de *software* nas áreas de mineração, gás e tecnologia da informação.

Já a atividade da MicronTech na *holding* é orientada, especificamente, ao segmento de tecnologia da informação, no qual desenvolve projetos estruturais, desde sua constituição, para grandes organizações do segmento. Para tanto, a empresa realiza importações assertivas de equipamentos e *softwares* de última geração, com vistas a ofertar sempre as melhores soluções tecnológicas a seus clientes.

Conforme análise financeira de seus resultados, a MicronTech, em 2019, apresentou um faturamento muito expressivo, chegando a centenas de milhões de reais, e fechou o ano com uma taxa de crescimento otimista. Grande parte de seu faturamento, contudo, foi advindo de negociações nacionais, sendo sua participação internacional quase inexpressiva. Perante isso, a empresa passou a avaliar, em seu planejamento estratégico, o incremento de sua presença no mercado internacional. Assim, após muitos levantamentos, os analistas indicaram os seguintes aspectos:

- Parte significativa da carteira de clientes da empresa estava em processo de internacionalização, com foco na América Latina, e indicavam a intenção de contratação de serviço local.

- Sua taxa de crescimento se mantinha em um cenário otimista tanto nacionalmente quanto internacionalmente, mas sua atuação nacional chegaria, em breve, ao limite, sendo indicada, portanto, a expansão de seus negócios.

Então, a internacionalização passou a ser uma constante nas pautas da MicronTech, que começou a orientar seus esforços para identificar possíveis soluções a essa demanda, uma vez que sua ausência internacional se convertia em desvantagem ao negócio. Assim, após o diagnóstico empresarial, você foi escolhido(a) para participar desse processo de internacionalização.

Diante disso, reflita sobre a MicronTech com base nas estratégias, nas modalidades e nos desafios de internacionalização de empresas; apresente as estratégias possíveis, discutindo suas especificidades; e indique aquela que poderia ser aplicada no atendimento a essa demanda empresarial. Justifique sua resposta.

Resolução

O acesso ao mercado internacional de fato representa uma oportunidade de expansão para muitos empreendimentos, bem como oferece novos desafios para quem já tem um empreendimento consolidado, como é o caso da MicronTech.

Após análise e reflexão sobre a MicronTech, com vistas a pensar estratégias, modalidades e desafios de internacionalização, o(a) leitor(a) pode indicar as seguintes estratégias de internacionalização:

- **Fusão**: Compreende a compra de uma empresa já estabelecida na área de interesse, alternativa que poderia atender a MicronTech, pois, ao realizar a aquisição de uma empresa já estabelecida em países da América Latina, poderia realizar a transição de cultura e, ao mesmo tempo, manter as características que são relevantes a seus clientes.

- **Subsidiária própria**: Compreende a produção de determinada mercadoria no país de destino por meios próprios. Essa modalidade também é interessante para a MicronTech, pois lhe possibilita maior controle de custos e melhoria da imagem institucional no país anfitrião, uma vez que gera emprego, desenvolvimento e renda.

Dica 1

Muitas são as modalidades de internacionalização de empresas, a depender das demandas de cada organização. O vídeo indicado a seguir é um registro da Fundação Dom Cabral sobre a experiência da empresa Natura com seu *case* **"Inovação e Internacionalização"**, realizada em 2019.

Nessa entrevista o membro do Conselho da Natura, Pedro Passos, comenta sobre a evolução do negócio Natura, apoiada pelo desenvolvimento tecnológico e digital, e sobre a necessidade de internacionalização da empresa.

FUNDAÇÃO DOM CABRAL. **Case Natura**: inovação e internacionalização. Disponível em: <https://www.youtube.com/watch?v=38nBmNc9Fbk>. Acesso em: 3 jan. 2022.

Dica 2

Para incentivar os negócios e impulsionar oportunidades no mercado externo, a Câmara Espanhola reuniu uma equipe especialista para a *webserie* semanal sobre internacionalização de empresas. No vídeo indicado a seguir, você pode assistir ao evento ocorrido em setembro de 2020.

CÂMARA ESPANHOLA. Oportunidades e desafios da internacionalização na Europa. 2020. Disponível em: <https://www.youtube.com/watch?v=SRPkFTt5FJA>. Acesso em: 3 jan. 2022.

Logística de transporte internacional

Conteúdos do capítulo:

- Logística de transporte internacional.
- Modos/modais de transporte.
- Tipos de carga.
- Equipamentos de carga.

Após o estudo deste capítulo, você será capaz de:

1. analisar a logística de transporte internacional quanto às ameaças e às oportunidades;
2. reconhecer o transporte internacional como fonte de vantagem competitiva às negociações internacionais;
3. tipificar e comentar os principais modos/modais de transportes empregados no comércio exterior;
4. indicar os principais tipos de carga e seu impacto na escolha do modo/modal de transporte;
5. relacionar os principais equipamentos de carga empregados no comércio exterior.

Neste capítulo, apresentaremos a terminologia técnica aplicada ao comércio exterior no que tange à logística de transporte internacional. Abordaremos temas como transporte internacional, modos/modais de transporte, tipos de cargas e equipamentos de cargas.

capítulo 4

4.1 Logística de transporte internacional

O comércio internacional, como vimos, desenvolveu-se rapidamente, superando relevantes crises, como a de 2008, um dos piores cenários de recessão para as economias, que, em sua maioria, conseguiram se adaptar e responder às necessidades de mudanças. Neste momento, um novo contexto de incertezas se descortina à nossa frente, e ainda não sabemos como responder a tais demandas. Mas uma coisa é certa: assim como aconteceu na crise de 2008, a logística atenderá às demandas impostas.

Em relação ao comércio exterior, a logística é uma estratégica relevante das organizações na redução de custos, no encurtamento de distâncias e na agilização dos processos de movimentação, armazenagem e entrega ao cliente final. Keedi (2011, p. 26) indica que o comércio exterior "está estruturado em muitas variáveis, sendo uma delas, de valor fundamental, o transporte de bens vendidos, comprados ou trocados". Sobre essa questão, Caixeta-Filho e Martins (2010, p. 16) assinalam:

Os transportes têm a função de proporcionar a elevação na disponibilidade de bens, ao permitirem o acesso a produtos que de outra maneira não estariam disponíveis para dada sociedade ou o estariam apenas a um elevado preço. Têm, assim, a função econômica de promover a integração entre sociedades que produzem bens diferentes entre si.

Assim, com a expansão das negociações internacionais e das operações de comércio exterior, houve uma demanda maior pelos serviços de transportes internacionais em suas múltiplas interfaces. Para tanto, foi necessário desenvolver estruturas que auxiliassem as negociações internacionais a transferir mercadorias do ponto de origem até o de destino. A logística de transporte cuida, portanto, da transferência de uma mercadoria do ponto A ao B, garantindo o melhor preço, a melhor qualidade e o menor tempo. Trata-se, como se vê, de um meio que viabiliza o comércio de mercadorias em qualquer espaço do globo, com custos acessíveis e qualidade assegurada, cumprindo o prazo acordado e disponibilizando aos compradores a quantidade acertada em contrato.

No que tange ao transporte internacional, é importante que o profissional da área observe aspectos como a escolha do modal, pois isso influência grandemente o resultado da operação (importação ou exportação) no que diz respeito aos custos e à viabilidade logística. Conforme defende Keedi (2011, p. 26): "A tomada de decisão da logística de transporte deve passar pela correta opção entre os modos e as operações disponíveis e viáveis que poderão proporcionar o alcance das metas propostas". Nesse contexto, a tomada de decisão tem de ser assertiva, visto que más escolhas refletem, diretamente, nos custos de produção, que, se forem elevados, podem comprometer a capacidade competitiva perante a concorrência. Para Keedi (2011), a logística de transporte pode representar tanto a lucratividade quanto o prejuízo de uma organização operante no mercado internacional.

4.1.1 Modos/modais de transporte

Antes de tipificar os modos/modais de transporte, cumpre saber: Qual é a função definidora do transporte? Uma das principais características do transporte é sua capacidade de prover a base para que outras atividades logísticas ocorram. Por exemplo, para que determinada carga possa ser armazenada em um centro logístico, é necessário que, antes, seja transportada até esse centro. Logo, o transporte oferece respaldo a outras áreas, sendo de importância crucial a muitas economias.

Ballou (2010) menciona que um estruturado e eficiente sistema de transporte é necessário para o crescimento de uma nação, uma vez que viabiliza as operações dos demais setores da economia. Ainda, segundo esse autor, uma adequada escolha de transporte estimula competição mercadológica, economia de escala e redução de custos e preços. Em linhas gerais, Ballou (2010, p. 118) explica que "a importância relativa de cada modo de transporte e as alterações ocorridas nas participações relativas são parcialmente explicadas pela carga transportada e pela vantagem inerente do modo".

Quanto à designação, Keedi (2011, p. 33) aponta que "os termos modal e modais, embora de uso natural por todos, não são adequados em virtude de serem adjetivos, sendo corretos os substantivos modo e modos". Por isso, nesta seção, decidimos empregar ambos os termos.

Em síntese, podemos compreender como modais os modos ou meios de movimentação de transbordo de cargas. De acordo com Keedi (2011), os modos de transporte se dividem em três sistemas: o **aquaviário** (marítimo, fluvial e lacustre), o **terrestre** (rodoviário e ferroviário) e o **aéreo**. A seguir, apresentamos os principais modos/modais e sua aplicação nacional e internacional.

4.1.1.1 Modo/modal marítimo

De forma geral, o transporte objetiva a movimentação de cargas e o modal precursor para esse fim é o marítimo. Isso porque, por meio de embarcações, foi possível movimentar maiores volumes de mercadorias, o que reduziu o distanciamento das nações e o esforço para obtenção de bens. Segundo Keedi (2011), o transporte que se realiza nos mares e oceanos é o mais utilizado internacionalmente para o deslocamento de mercadorias no planeta.

Nesse modo/modal, a navegação pode ocorrer por duas formas: por **longo curso**, em que o transporte de cargas é realizado entre países e/ou continentes – ou seja, em águas internacionais –; e por **cabotagem**, que se limita a portos nacionais – à costa marítima brasileira, por exemplo.

Atualmente, "a cabotagem é mais utilizada no transporte de granéis, petróleo e seus derivados, sal e produtos químicos" (Castiglioni, 2007, p. 117). No que diz respeito ao comércio internacional, o modal mais utilizado, no Brasil, é o transporte marítimo, correspondendo a mais de 90% do transporte internacional.

O veículo transportador desse modal é o navio, que pode ter os mais variados tamanhos, formas, características e funções, podendo ser navio de carga geral, navio especializado, navio multipropósito e navio porta-contêineres. Nessa modalidade, como o transporte é feito uma única vez e em um único espaço, o custo da operação se torna mais acessível.

Atualmente, as embarcações têm imponentes estruturas e dimensões, o que as habilita a transportar grandes e diversificados volumes de cargas com agilidade e precisão. Esse modal possibilita a movimentação de cargas de elevado volume, como petróleo e seus derivados, minérios, *commodities* e uma variedade de mercadorias que demandam espaço, tendo a capacidade de transportar cargas sólidas ou líquidas, perigosas ou não, a granel ou unitizadas.

São vantagens desse modo/modal: elevada capacidade de carga; frete acessível, considerando-se o montante transportado; operabilidade constante; oferta de segurança e integridade das cargas. As desvantagens são: possibilidade de congestionamentos nos portos, o que pode gerar custos não programados com armazenagem e permanência de cargas; *transit time* (tempo de viagem) elevado, em razão das distâncias percorridas e da velocidade do modal; necessidade de transferência de carga, pois muitos exportadores localizam-se em pontos distantes dos portos.

Os **navios de carga geral**, também chamados de *convencionais*, apresentam porões e *decks* e sua embarcação é mais apropriada para o transporte de carga solta *(breakbulk)*, com variações para carga seca *(dry cargo)* e refrigerada *(reefer cargo)* (Keedi, 2011). A última modalidade recebe esse nome porque o equipamento de refrigeração que realiza o controle de temperatura da carga se chama *reefer*. As Figuras 4.1 e 4.2 apresentam, respectivamente, o *reefer* container e a embarcação destinada para esse tipo de carga. Trata-se de um tipo de *container* refrigerado (30 °C até −30 °C) utilizado no transporte de produtos perecíveis, eletrônicos, produtos químicos, entre outros, pois tem a capacidade de manter a carga congelada ou refrigerada até sua entrega.

Figura 4.1 – *Reefers*

Figura 4.2 – Embarcação com *reefers*

A logística de transporte internacional demanda coesão e fluência de uma rede de agentes logísticos. A seguir, são apresentados os agentes do modal marítimo:

- **Transportador**: É o agente que realiza o transporte da carga na modalidade de transporte determinada no fechamento das negociações.
- **Agente de carga**: Sua atribuição está relacionada ao fechamento das cargas, auxiliando nas negociações entre armadores, importadores e exportadores. O agente de carga auxilia na alocação da carga dentro do navio e no fechamento do custo de frete.
- **Despachante aduaneiro**: É o agente que cuida de trâmites burocráticos do comércio exterior. Sua atuação visa agilizar o desembaraço de cargas nos órgãos competentes. Trabalhar com bons despachantes aduaneiros é essencial, visto que eles têm o conhecimento legal sobre redução de custos e sobre a agilidade dos processos de desembaraço.
- **Terminal de carga**: É um local interno à estrutura portuária que oferece serviços de recepção, armazenamento, ovação, desova, contagem, recontagem, expurgo e movimentação. Muitas são as organizações que utilizam esse espaço como alternativa à redução de custos com estoques.
- **Armador**: É o agente que presta o serviço de transporte de cargas entre os portos. Geralmente, é o proprietário da embarcação.
- **Agente marítimo**: É o agente que representa legalmente o armador nos portos pelos quais suas embarcações circulam. Está sob sua responsabilidade o fechamento do espaço a ser ocupado, o *booking*, o recebimento dos fretes e a coordenação das operações logísticas realizadas na embarcação.

Outro tipo de embarcação utilizada no modo/modal marítimo é o navio **especializado**, projetado para transportar determinada carga, sendo classificados em: **graneleiros** (*bulk cargo*), voltados ao transporte de granéis sólidos ou líquidos; e em *Roll-off Roll-off* (Ro-Ro), destinados ao transporte de veículos. As embarcações do tipo **porta-contêineres** são projetadas, como o próprio nome sugere, para o transporte de contêineres, cuja capacidade de unitização eleva a diversidade de cargas a serem transportadas. Como a carga é carregada dentro dos contêineres, esse modelo pode transportar as cargas dos demais navios. Atualmente, é o modelo mais empregado em operações de comércio exterior.

Figura 4.3 – Embarcação porta-contêineres

Conforme descreve Keedi (2011, p. 36):

> Embora sejam navios para quaisquer tipos de cargas, deve ficar claro que essas são transportadas somente dentro dos containers, já que esses navios não transportam carga solta e não têm porões ou decks para isso. Possuem apenas slots, que são as posições onde são colocados os containers, cuja localização é dada pelas bays (baias), rows (colunas) e tiers (camadas).

Os navios **multipropósitos** são projetados e utilizados para o transporte de mais de um tipo de carga, sendo possível transportar em conjunto cargas que, normalmente, seriam embarcadas em separado. É o caso de minérios e de óleos, por exemplo, uma vez que se tratam de cargas muito distintas em características e em forma de manuseio e de armazenamento e, por isso, dificilmente seriam transportadas de uma única vez.

Para saber mais

O advento do contêiner remonta aos anos 1960. Seu desenvolvimento foi uma revolução nos quesitos movimentação e transporte de cargas, haja vista sua capacidade de unitização e diversificação de cargas, redução dos custos de movimentação e diminuição de elevados índices de perda e avarias de carga. Se você ficou curioso sobre os diferentes modelos de embarcações, recomendamos que leia a matéria indicada a seguir.

SUCUPIRA, A. C. Tipos de navios, suas classificações e terminologias. **Portogente**, 4 jan. 2017. Disponível em: <https://portogente.com.br/portopedia/92847-tipos-de-navios-e-sua-classificacoes-e-terminologias>. Acesso em: 3 jan. 2022.

Por fim, vale apontar que, nesse tipo de modal, são utilizados diferentes termos, entre eles é possível citar o **BAF** *(Bunker Adjustment Factor)*, que corresponde a uma sobretaxa que é aplicada pelo armador em cima do frete, visando cobrir o custo do combustível; e o *ISPS Code (International Ship and Port Facility Security Code)*, que constitui o Código Internacional para Proteção de Navios e Instalações Portuárias.

4.1.1.2 Modo/modal fluvial e lacustre

O **modo/modal fluvial** é uma das modalidades do transporte aquaviário realizada em hidrovias. O termo *fluvial* – do latim, *fluvius* – significa "rio", sendo este um dos mais antigos transportes da humanidade, pois, antes mesmo do advento das embarcações, o homem já utilizava os rios para se locomover.

Esse modal atende, principalmente, ao transporte de granéis de baixo valor e não perecíveis, como o carvão, os minérios, o cascalho, a areia, o petróleo, o ferro, entre outros. Contudo, é importante destacar que esse modal é limitado em sua abrangência, pois suas hidrovias "estão confinadas ao sistema hidroviário interior, exigindo, portanto, que o usuário ou esteja localizado em suas margens ou utilize outro modal de transporte, combinadamente" (Ballou, 2010, p. 127).

Navios de diferentes formas e tamanhos também podem ser empregados em transportes fluviais, mas o modelo mais comum são as barcaças (Figura 4.4), haja vista a grande variação de profundidade dos rios, o que impossibilitaria o emprego de determinados modelos de navios (Keedi, 2011).

Figura 4.4 – Barcaça

jrslompo/Shutterstock

Conforme levantamento da Confederação Nacional do Transporte (CNT, 2019), o Brasil utiliza um terço dos 63 mil quilômetros navegáveis de seus rios, sendo que 19 mil quilômetros são destinados ao transporte comercial (cargas e passageiros). Logo, no que tange à malha de transporte brasileira, apenas 5% desse modal é empregado para a movimentação de cargas. O estudo ainda indica que, entre as causas do baixo uso do modal, constam: baixos investimentos; necessidade de muitas adequações estruturais para aplicação total do modal; burocracia; baixo incentivo e investimento de políticas públicas.

> **Perguntas & respostas**
>
> **Qual região brasileira apresenta maior incidência de transportes fluviais?**
> Região Norte do país. As principais hidrovias brasileiras são: Hidrovia Tocantins-Araguaia, Hidrovia Solimões-Amazonas, Hidrovia São Francisco, Hidrovia da Madeira, Hidrovia Tietê-Paraná e Hidrovia Taguari-Guaíba.

Por fim, embora esse modal apresente suas limitações, revela-se competitivo, uma vez que o valor do frete é acessível, tendo em vista a capacidade de transporte disponibilizada, além de gerar menor poluição quando comparado a outros modais, como o rodoviário.

O **modo/modal lacustre** é aquele cuja navegação é realizada em lagos, podendo ser nacional ou internacional. Um exemplo desse tipo de navegação nacional compreende a travessia da Lagoa dos Patos, no Rio Grande do Sul, que viabiliza a comunicação entre as cidades de Porto Alegre e Rio Grande; e assim como o modo fluvial, esse modo de transporte pode empregar navios e barcaças (Keedi, 2011).

4.1.1.3 Modo/modal ferroviário

Realizado por veículos ferroviários, esse modal pode estender sua atuação nacional e internacionalmente, conforme a disponibilidade e a extensão da via férrea.

No que tange às relações comerciais internacionais brasileiras, esse modal tem baixa representatividade. No mercado interno, transporta "produção agrícola, minérios, fertilizantes, carvão etc., os quais representam a maior parte de sua carga" (Keedi, 2011, p. 41). O modo/modal ferroviário é indicado para o transporte de grandes quantidades de cargas de baixo valor agregado.

Os veículos ferroviários são representados pelas **locomotivas** e pelos **vagões**, que variam conforme a especificidade de sua carga, se aberta ou fechada. O transporte de contêineres (Figura 4.5) vem ganhando espaço no transporte ferroviário e, cada vez mais, posiciona-se como uma estratégia interessante para o comércio exterior.

Figura 4.5 – Veículo ferroviário: transporte de contêineres

O modal ferroviário, além de possibilitar o transporte de volumosas cargas, também favorece o processo de integração de regiões. Há nações que prosperam muito com o emprego desse modal, como os Estados Unidos, cuja matriz de transporte emprega significativamente esse modal.

São vantagens desse modo/modal: grande capacidade de carga e custos menores quando comparado a outros modais. As desvantagens são: baixa velocidade; inflexibilidade de trajeto; alto custo de manutenção das vias férreas; necessidade de uso exclusivo de vagões para determinados itens de transporte, o que pode encarecer o frete em alguns casos, pois esses vagões ficam cativos a transportar somente um tipo de produto, como é o caso dos fertilizantes, que necessitam de um alto controle em razão da manutenção da qualidade de adubação, e contaminações podem comprometer significativamente a qualidade desse insumo e impactar as especificações técnicas da carga, que são controladas pelo Ministério da Agricultura, Pecuária e Abastecimento (Mapa).

No Brasil, atualmente, as ferrovias são mais indicadas para transportar grandes quantidades de produtos homogêneos por longas distâncias, preferencialmente a granel, desde que sejam observadas suas limitações (Castiglioni, 2007).

Por fim, vale destacar que, desde 1929, os caminhões têm sido maiormente empregados em serviços de transporte, o que colaborou, e muito, para o declínio do transporte ferroviário (Ballou, 2010).

4.1.1.4 Modo/modal rodoviário

O modo/modal rodoviário caracteriza-se pela rodagem em estradas, podendo ser nacional ou internacional. No que tange ao comércio exterior brasileiro, esse modal é pouco expressivo.; contudo, internamente, tem relevante importância (Keedi, 2011). Esse transporte por terra é feito sobretudo por caminhões, cuja estrutura permite carregar diferentes volumes de cargas, o que não exclui outros modelos de veículos, como carretas, bitrens, rodotrens (podendo ser fechados e abertos), *trailers* e plataformas. O quadro a seguir caracteriza os principais modelos de veículos rodoviários.

Quadro 4.1 – Modelos de veículos rodoviários

Modelo	Característica
Caminhão	Monobloco: cabine e carroceria constituem um único conjunto.
Carreta	Com duas partes: cavalo mecânico, que realiza a tração, e semirreboque, que suporta a carga a ser transportada.
Bitrem	Firmado por um cavalo mecânico e dois semirreboques
Rodotrem	Com três partes: cavalo mecânico, semirreboque e reboque

Fonte: Elaborado com base em Keedi, 2011.

Em território brasileiro, o modal rodoviário constitui um dos principais modais de transporte. "Com a implantação da indústria automobilística na década de 1950 e a pavimentação das principais rodovias, o modo rodoviário se expandiu de tal forma que hoje domina amplamente o transporte de mercadorias no país" (Castiglioni, 2007, p. 114). Keedi (2011) aponta que o transporte rodoviário responde por cerca de 70% da carga no Brasil, sendo, no Estado de São Paulo, mais de 90% do seu emprego.

Dados da CNT (2019) indicam uma frota nacional para transporte de carga de 1.934.478 veículos. Destes, 65.890 veículos (763 empresas) atuam no transporte internacional, além de 1.244 empresas estrangeiras, com frota de 52.816 veículos. No que tange à frota de transporte rodoviário internacional de cargas, as empresas brasileiras habilitadas atuam, principalmente, nos seguintes países: Argentina, Bolívia, Chile, Paraguai, Peru, Uruguai e Venezuela.

A CNT (2019) ressalta que, embora seja evidente o investimento no setor, ainda persistem problemas já conhecidos, como o elevado crescimento da frota de veículos leves e pesados contra a lentidão nos processos de expansão da malha rodoviária federal pavimentada. Assim, persiste a pergunta: Como transportar cargas por um país de relevante extensão territorial sem uma adequada e segura estrutura que justifique os elevados custos com transporte de cargas de longa distância?

A despeito disso, esse modal apresenta as seguintes vantagens, de acordo com Viera (2002), Rodrigues (2007), Ballou (2010) e Keedi (2011): simplicidade; agilidade; diversidade em veículos; pode ser combinado com outros modos/modais de transporte; entrega *door-to-door* (porta a porta); embalagem e unitização mais simples; flexibilidade de roteirização (capacidade de rotatividade); e facilidade de manuseio de cargas. Ainda segundo esses autores, as desvantagens são: maior custo quando considerada a capacidade de carga; alvo constante de roubo de cargas; custo fortemente impactado pela distância; pouca segurança; estrutura precária das rodovias; e limitação quanto ao espaço de carga.

Para Keedi (2011), quanto ao valor, esse transporte é ideal para mercadorias de médio e grande valor agregado, não sendo a melhor escolha para mercadorias de baixo valor, embora estas também sejam transportadas por esse modal. A razão disso, é que sua estrutura é cara e a quantidade de carga que pode transportar é pequena. Já com relação à distância percorrida, segundo Keedi (2011), esse modal deve visar ao atendimento às pequenas e às médias distâncias (200-500 km), pois, acima disso, sua aplicação pode ser muito dispendiosa.

> **Perguntas & respostas**
>
> **Quais são as principais diferenças entre os modos/modais ferroviário e rodoviário?**
> No modal ferroviário, não há, por exemplo, a possibilidade de operação *door-to-door* – ou seja, esse modal necessita de que a carga seja levada e retirada em seu terminal. Quanto à distância percorrida, o modal ferroviário é o mais indicado para grandes distâncias, ao contrário do rodoviário, que é orientado à realização de pequenos percursos.

4.1.1.5 Modo/modal aéreo

O modo/modal aéreo é o mais recente dos modos de transporte, tendo surgido no início do século XX (Keedi, 2011). Entre os modos/modais já estudados, é o mais rápido, o que lhe confere um lugar de destaque no serviço de transportes de carga. É indicado para viagens de longas distâncias, podendo ser empregado no transporte nacional (doméstico) e internacional. No âmbito do comércio exterior, é amplamente empregado para o envio de amostras de material, o que acelera as negociações. De acordo com Novaes (2004, p. 155):

> *A importância do transporte aéreo na logística aumentou muito com a globalização, pois agora as cadeias produtivas estenderam suas ramificações pelo mundo todo, e muitas vezes o fornecimento de componentes e a distribuição de produtos não podem ficar dependendo do transporte marítimo, principalmente quando os embarcadores não conseguem níveis de confiabilidade satisfatórios nos prazos de entrega.*

No modal aéreo, são empregados diferentes modelos de aeronaves para o transporte de cargas e de passageiros. Entre os modais disponíveis, é o que mais oferece agilidade, rapidez, segurança e praticidade no manuseio de carga, embora seja, também, o mais dispendioso.

Perante isso, cumpre comentar que uma das principais tendências em operações logísticas é o uso de *drones* para entregas de mercadorias leves (Figura 4.6). A empresa Amazon foi umas das primeiras a investir nessa opção de entrega, desenvolvendo o serviço Prime Air Amazon para a entrega de produtos de até 2,2 kg. Um teste realizado em 2016 demandou 13 minutos desde o recebimento do pedido até sua entrega ao cliente. Contudo, essa modalidade ainda demanda desenvolvimento de capacidade de carga, alcance geográfico e atendimento às normas de tráfego aéreo.

Figura 4.6 – Entrega com drone

Suwin/Shutterstock

Como o transporte aéreo é um tipo de modo/modal ágil, mas oneroso, é indicado para cargas de alto valor agregado, urgente e de pequenos volumes. São exemplos de cargas indicadas para esse modal as cargas urgentes, as de alto valor e as com restrições, como medicamentos, vacinas, coleções de obras de arte, artigos de luxo, pedras preciosas, químicos controlados, material radioativo, documentação etc.

De acordo com Keedi (2011), são vantagens desse modo/modal: rapidez, segurança e baixo nível de avarias e de extravios. Ainda, o autor aponta que a capacidade de carga é limitada ao tipo e à configuração da aeronave, que pode ser *fullpax*, *full cargo* (*all cargo*) e *combi*. A modalidade *full cargo* corresponde ao transporte exclusivo de cargas, sendo o que apresenta maior capacidade, pois utiliza os *decks* superior e inferior da aeronave. A modalidade *combi* realiza o transporte misto – ou seja, o transporte conjunto de passageiros e de cargas. Já a modalidade *fullpax* compreende o transporte de passageiros, sendo que uma eventual disponibilidade de espaço pode ser preenchida com carga.

Segundo Keedi (2011), as desvantagens desse modal são: custo elevado de frete, haja vista o alto valor agregado da carga; capacidade de atendimento restrita a certas localidades (baixa cobertura geográfica); e restrição ao transporte de determinados tipos de cargas, como granéis e químicos.

O transporte aéreo, geralmente, é empregado quando o critério tempo de entrega é urgente e quando a segurança da carga enviada requer maiores atenção e cuidado. Por tais diferenciais, esse modal é um dos mais onerosos no que tange à remessa de produtos. Contudo, cumpre destacar que, atualmente, serviços de transportes rodoviários buscam investimento em rapidez e em segurança de carga, de forma a competirem com esse modal.

Exercício resolvido

O transporte internacional compreende o deslocamento de carga entre dois países. Para uma adequada escolha da modalidade de transporte, alguns aspectos devem ser analisados antes do fechamento de uma negociação, como os pontos de embarque e desembarque; a urgência na entrega; as características da carga; a disponibilidade e o custo do serviço do modal. Com base nisso, marque a alternativa correta:

a. No transporte rodoviário internacional, a atividade transportadora é viabilizada por veículos como caminhões e similares, uma vez que são indicados para percorrerem longas distâncias.

b. O modo/modal marítimo se divide em transporte marítimo de longo curso e em navegação de cabotagem. A navegação de cabotagem ocorre ao longo da costa de um país em navios e em barcaças.

c. O modo/modal aéreo é apontado como o mais rápido entre os modais existentes; sua importância para a logística, contudo, não está relacionada à globalização.

d. O transporte ferroviário é muito versátil, pois possibilita transportar produtos de baixo valor agregado a longas distâncias.

Gabarito: b.

Feedback do exercício: O modal rodoviário não é indicado para longas distâncias; isso pode até ocorrer quando não há outra possibilidade, mas deve-se ter em mente que grandes percursos geram altos custos nesse tipo de transporte. Apesar de o modal aéreo ser considerado o mais rápido, ele foi fruto justamente da globalização. Já o transporte ferroviário apresenta pouca versatilidade em seu uso, sobretudo quanto ao trajeto percorrido.

4.2 Multimodalidade e intermodalidade

Como vimos, ao realizar o planejamento da movimentação de uma carga, o importador e o exportador devem escolher o modo/modal de transporte mais adequado à carga e ao destino final estabelecido.

A atividade de transporte pode ser efetuada de diferentes formas: modal (apenas uma modalidade); **intermodal** (mais de uma modalidade); **multimodal** (mais de uma modalidade com único contrato); **segmentada** (diversos contratos para diversos modais); e **sucessiva** (uso de veículo da mesma modalidade de transporte).

Ballou (2010) indexa dez combinações de serviço integrado, quais sejam:

1. ferro-rodoviário;
2. ferro-hidroviário;
3. ferro-aeroviário;
4. ferro-dutoviário;
5. rodo-aéreo;
6. rodo-hidroviário;
7. rodo-dutoviário;
8. hidro-dutoviário;
9. hidro-aéreo;
10. aero-dutoviário.

Assim, **multimodal** e **intermodal** são duas operações de transporte logístico realizadas por mais de um modo/modal de transporte – ou seja, determinada carga sai de sua origem e chega a seu destino tendo transitado por duas ou mais modalidades de transporte, as quais envolvem os modais já estudados: rodoviário, aquaviário, aéreo e ferroviário. Ballou (2010, p. 131) exemplifica: "uma carreta rodoviária (trailer) embarcada em um avião ou em um vagão ferroviário é transportado por um navio. Esse intercâmbio de equipamentos cria serviços que usam mais de um modal de transporte".

Keedi (2011, p. 40) destaca que o modal rodoviário é "essencial e absolutamente fundamental à multimodalidade e à intermodalidade, operações que não seriam possíveis sem a sua existência". Quanto à disponibilização da carga, Ballou (2010) comenta que o contêiner é a forma mais utilizada, uma vez que pode ser transportado pela maioria das combinações de modais.

Uma das características do transporte multimodal é a presença de um único operador, denominado *operador de transporte multimodal* (OTM), responsável pela carga durante todo o seu trajeto de transporte, no decorrer do qual é apresentado apenas um documento de transporte.

O que é?

O **OTM** é a pessoa jurídica contratada como principal responsável pela realização do transporte multimodal, da origem até o destino, por meios próprios ou por intermédio de terceiros. É quem assume a responsabilidade pela execução do contrato de transporte multimodal e pelos prejuízos decorrentes de perdas, danos e avarias à carga durante a movimentação.

Como vantagens dessa modalidade de escoamento, podem ser apontadas a redução de custos e de tempo nas operações de comércio exterior. No que se refere às operações brasileiras em negociações internacionais, destaca-se o Acordo de Alcance Parcial para a Facilitação do Transporte Multimodal de Mercadorias entre Brasil, Argentina, Paraguai e Uruguai, aprovado pelo Decreto n. 1.563, de 19 de julho de 1995 (Brasil, 1995), e a Lei n. 9.611, de 19 de fevereiro de 1998 (Brasil, 1998), que dispõe sobre o transporte multimodal de cargas no Brasil.

O transporte multimodal engloba serviços de coleta, consolidação, movimentação e armazenagem de carga, desconsolidação e entrega; enfim, compreende todas as etapas indispensáveis à concretização de uma negociação. Em síntese, o transporte multimodal consiste no emprego de vários modais de transporte, de forma a atribuir agilidade e eficácia ao processo de transbordo de cargas. No Brasil, sua principal aplicação é no transporte de *commodities*, sendo pouco empregado no envio de produtos manufaturados.

Já a **intermodalidade**, ao contrário da multimodalidade, caracteriza-se pela emissão individual de documentos de transporte por modal utilizado. Nessa sistemática, a responsabilidade e o risco pela carga são compartilhados pelos transportadores (Ballou, 2010).

O transporte intermodal, assim como o multimodal, envolve mais de uma modalidade de transporte. Entretanto, a documentação de transporte é emitida em separado para cada modal, o que implica a divisão clara de responsabilidade pela carga entre as partes envolvidas. A respeito da redução de custos, nessa modalidade essa diminuição não ocorre de forma global, como acontece no multimodal, mas visa à redução em cada modal especificamente.

Logo, tanto o transporte multimodal quanto o intermodal auxiliam na otimização de operações logísticas; e conhecer seus aspectos operacionais e suas diferenças é fundamental para o profissional de logística em seus processos decisórios.

4.3 Conhecimento de embarque

Conhecimento de embarque ou conhecimento de transporte é um documento no qual consta o contrato de transporte de determinada carga negociada.

O conhecimento de embarque, independentemente do modal, atua de forma a oficializar a contratação da operação de transporte internacional; a comprovar o recebimento da carga na origem, funcionando como um instrumento de força do cumprimento da entrega no destino; e a comprovar a posse e a propriedade da referida carga. Logo, trata-se de um instrumento que vai além da comprovação de embarque, visto que também orienta o despacho aduaneiro de exportação e de importação. Cumpre destacar que se caracteriza como um documento fiscal de transporte e um contrato de prestação de serviços. Dois elementos, obrigatoriamente, devem constar no conhecimento de embarque: o transportador ou o representante que transportará a mercadoria; e a designação do comandante do navio, que dirige e responde pela embarcação.

Vale ressaltar que erros e divergências na emissão do conhecimento de embarque implicam taxas extras e até multas, razão por que sua emissão deve ser feita com muita atenção e estar de acordo com a fatura comercial *(invoice)* e os demais documentos relacionados ao processo.

No conhecimento de embarque constam todas as especificidades da carga. Vieira (2002) indica os seguintes dados como obrigatórios: nome e endereço completo do exportador, do importador e do consignatário; local de origem e de destino; quantidade de volumes; tipo de embalagem; descrição da mercadoria e classificação fiscal; peso bruto e peso líquido; dimensão e cubagem dos volumes; forma de pagamento do frete (*pre paid* ou *collect*); e valor do frete internacional.

Os conhecimentos de embarques são tipificados por modal, sendo:

- **Rodoviário**: Conhecimento de Transporte Rodoviário (CTR).
- **Marítimo**: *Bill of Lading* (BL).
- **Aéreo**: *Airway Bill* (AWB), *Master Airway Bill* (MAWB) e *House Airway Bill* (HAWB).
- **Ferroviário**: Conhecimento de Carga Ferroviária (TIF/CTF);
- **Multimodal**: *Through Bill of Lading*.

Assim, cada modal contribui a seu modo para as organizações e a economia.

Exercício resolvido

Multimodalidade e intermodalidade são operações que se realizam com mais de um modal de transporte. Nesse sentido, assinale a alternativa correta:

a. O operador de transporte multimodal (OTM) é o responsável pela carga durante parte do trajeto, tendo de apresentar, nesse percurso, um único documento de transporte.

b. Na intermodalidade, a responsabilidade e o risco pela carga são compartilhados entre os transportadores envolvidos na operação de comércio exterior.

c. O transporte intermodal, assim como o multimodal, envolve mais de uma modalidade de transporte. Nele, o uso de modais é intercalado, manobra que faz o custo reduzir significamente.

d. A multimodalidade corresponde à emissão individual de documentos de transporte pelos múltiplos modais empregados nas operações de comércio exterior.

Gabarito: b.

Feedback **do exercício**: O operador de transporte multimodal (OTM) é responsável pela carga durante todo o trajeto, e não apenas parte dele, apresentando, em todo o percurso, um único documento de transporte. A redução de custos no transporte intermodal não ocorre de forma global, como acontece no multimodal, uma vez que visa à redução de custo em cada modal especificamente. A intermodalidade, e não a multimodalidade, caracteriza-se pela emissão individual de documentos de transporte pelos múltiplos modais empregados nas operações de comércio exterior.

4.4 Tipos de cargas

O transporte de cargas deve ser realizado em conformidade com os requisitos do cliente; e cabe ao profissional de logística estruturar seus serviços para que tais requisitos sejam plenamente atendidos. Essa estruturação tem início com a devida apropriação das características e das especificidades da carga negociada e que, em breve, será transportada. Por óbvio, a escolha do modal e dos demais serviços logísticos estão atrelados às características da carga.

Antes de efetuar o carregamento da carga em um veículo de transporte – caminhão, navio, trem, avião –, é preciso conhecer o que está sendo transportado. Nesse sentido, é necessário saber as características da carga a fim de precisar as demandas de transporte desde o ponto de origem até o ponto de destino (Vieira, 2002; Keedi, 2011).

Primeiramente, antes de tipificarmos as cargas envolvidas em operações de comércio exterior, é preciso distinguir carga de mercadoria. **Carga** é todo produto que está apto ao embarque em um veículo ou a ser armazenado. **Mercadoria**, por sua vez, é todo produto que está apto e disponível à comercialização.

As cargas são classificadas por sua natureza. As principais características de cada uma delas estão sumarizadas a seguir, conforme contribuições de Novaes (2004), Vieira (2002) e Ballou (2010):

- **Carga geral**: Embarcada e transportada com acondicionamento, que pode ser uma embalagem para transporte ou unitização. Compreende o tipo de carga que pode se apresentar solta ou unitizada.
- **Carga solta**: Os volumes acondicionados se apresentam em dimensões e formas diversas. Nesse tipo de carga, a mercadoria pode estar dentro de sacarias, fardos, caixas de papelão/madeira etc. Por apresentar-se assim, esse tipo de carga pode demandar maior tempo de carregamento, descarregamento e movimentação, além de ser mais vulnerável a perdas, erros de contagem e trocas.
- **Carga a granel**: Carga sólida ou líquida embarcada e transportada sem acondicionamento em embalagens. Esse tipo de carga não permite a contagem por unidade, como grãos, petróleo, minérios etc.
- **Carga neogranel**: Apresenta-se em conglomerados homogêneos cujos volume e quantidade possibilitam o transporte em lotes e em um único embarque. É muito empregada para carregamento de veículos (Ro-Ro).
- **Carga viva**: Compreende o transporte de animais vivos, selvagens ou domésticos. O animal transportado não deve estar sob efeito de drogas tranquilizantes. Caso seja necessária a sedação, esta deverá ser justificada via laudo veterinário que notifique o tipo e a quantidade de droga ministrada, a data e a hora da aplicação e o prazo de efeito da sedação. O local de acondicionamento deve ser compatível com o tamanho e o peso do animal e ventilado. Para o transporte de animais silvestres, é obrigatória a autorização do Instituto Brasileiro do Meio Ambiente e dos Recursos Naturais Renováveis (Ibama). Exemplo disso, foi o maior transporte da história de carga viva do Brasil, com mais de 26 mil cabeças de bovinos com destino à Turquia, operação realizada no Porto de Rio Grande e finalizada em 12 de setembro de 2020. Os animais ficaram a bordo do navio por 20 dias.

- **Carga unitizada**: Constituída de materiais arranjados e acondicionados, de modo a favorecer e a agilizar sua movimentação e sua armazenagem. Uma carga unitizada significa que é acondicionada em um único volume.
- **Carga refrigerada ou congelada**: Carga que necessita estar refrigerada ou congelada durante seu transporte. É essencial que sejam mantidas as devidas condições ambientais, para que seja conservada a qualidade da carga durante o transporte, que é efetuado mediante acondicionamento da carga em um contêiner do tipo *reefer*.
- **Carga perecível**: São consideradas cargas perecíveis produtos comestíveis e não comestíveis. Estes, embora não tenham suas características principais atreladas ao tempo de vida da carga, devido a sua natureza e composição, apresentam elevada possibilidade de deterioração, decomposição e perda de validade, se não forem observadas as adequadas condições de acondicionamento em seu transporte. São exemplos de cargas perecíveis: jornais, revistas, doces, remédios, vacinas, soros, sêmen animal, flores e plantas vivas etc. Para o transporte de perecíveis, é necessário que sua validade esteja dentro do prazo estipulado para o serviço (mínimo 72 horas) e que as embalagens sejam compatíveis com a natureza da carga e protegidas contra vazamentos, abertura acidental e liberação de odores.
- **Carga perigosa**: É todo o tipo de carga com capacidade de transmitir risco à saúde humana, ao meio ambiente e à segurança. Para seu transporte, deve ser classificada conforme os limites do *Dangerous Goods Regulations* (DGR) e apresentar um *Shipper Declaration* em que conste um telefone de emergência 24 horas. Na carga também devem estar informados o nome do produto, a classe, o tipo de embalagem, a quantidade e o número da Organização das Nações Unidas (ONU).

4.4.1 Unitização de cargas

Como vimos a pouco, a unitização compreende o agrupamento de cargas de modo a facilitar a movimentação, a armazenagem e o transporte. As formas mais adequadas e usuais de unitização são os *pallets* e os contêineres, que atendem tanto ao modal marítimo quanto ao aéreo; contudo, também podem ser empregadas estruturas como *big bags* e tambores.

Conteinerizar uma carga é colocá-la em um contêiner (Figura 4.7), facilitando sua transferência entre todos os modais de transporte de superfície que utilizam operações multimodais ou intermodais. Seu emprego nesse tipo de manobra de transbordo é estratégico, visto que evita custos provenientes de remanejo. Essa capacidade, justamente, demandou a fabricação do navio porta-contêineres (Ballou, 2010).

Figura 4.7 – Conteinerização

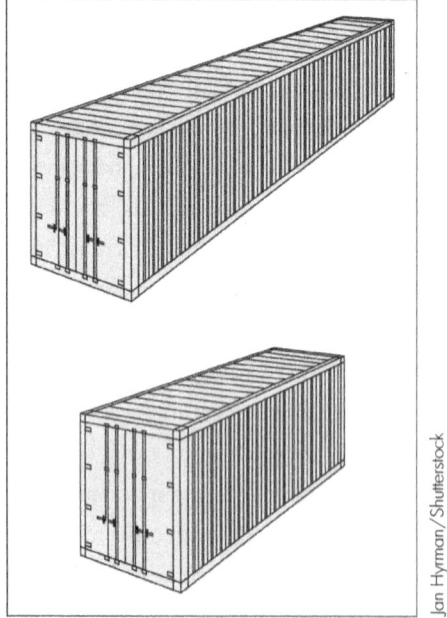

São vantagens da unitização: redução do número de volumes a manipular; redução das etapas de manuseios de carga; redução de mão de obra para o manuseio de cargas; possibilidade de mecanização das operações de carga e de descarga; redução do tempo de embarque e desembarque; redução de custos de embarque e desembarque; redução de custos de embalagem; redução de custos de avarias e de roubo de cargas; redução de custo com seguro das cargas.

4.5 Equipamentos de carga

Com o crescimento da atividade exportadora e importadora das nações, e com a aplicação dos diferentes modais de transporte, fez-se necessário equipamentos que movimentassem tais cargas dentro das estruturas em que eram transportados e armazenados. Assim, muitas foram as máquinas desenvolvidas e adequadas às novas necessidades das operações do comércio exterior, com vistas a otimizar o agrupamento, a movimentação e o transporte de cargas (Keedi, 2011).

Alguns equipamentos utilizados em empresas, portos, terminais e demais locais de movimentação de cargas são: empilhadeira a gás, empilhadeira a diesel, empilhadeira *top loader*, empilhadeira com garra, empilhadeira alta, *reach stacker* (empilhadeira retrátil), paleteira elétrica manual. Cada equipamento é escolhido conforme sua capacidade de elevação e peso da carga. O *reach stacker* (Figura 4.8), por exemplo, é um modelo de empilhadeira frontal que serve para carregar e descarregar contêineres, atingindo capacidade de até 45 toneladas, altura de até sete contêineres (cerca de 12 metros) e alcançando até três fileiras de profundidade.

Figura 4.8 – *Reach stacker*

Tais equipamentos demandam elevado investimento. Normalmente, as organizações optam pelo sistema de aluguel ou *leasing* como forma de redução de custos. Também se observa a alternativa de contratação de serviços de particulares para a execução dos serviços de movimentação e de transporte.

Exercício resolvido

Transportar mercadorias e garantir a integridade da carga no prazo combinado e a um baixo custo são desafios constantes da logística de transporte. A movimentação de cargas e de mercadorias pode ser realizada por variados modos/modais: rodoviário, marítimo, ferroviário e aéreo, escolha que depende do tipo de carga e de suas características. Sobre os equipamentos de elevação de carga, assinale a alternativa correta:

a. Na carga a granel, há perda significativa de tempo durante a manipulação, o carregamento e o descarregamento, em razão da quantidade de pequenos volumes a serem transportados, os quais estão sujeitos a perdas e avarias.

b. Carga geral é todo tipo de carga que oferece risco ao ser humano, ao meio ambiente e à segurança pública, seja de origem natural, seja produzida pelo ser humano.

c. A unitização de cargas visa agrupar volumes pequenos ou grandes em um único volume. Essa estruturação possibilita um melhor manuseio da carga e um ganho em tempo e eficiência de carregamento.

d. No transporte marítimo, o palete é utilizado tanto como equipamento de transporte quanto de unitização e, muitas vezes, serve de "armazém temporário" em algumas indústrias.

Gabarito: c.

Feedback **do exercício**: Uma perda significativa de tempo durante a manipulação, o carregamento e o descarregamento de pequenos volumes ocorrem com cargas soltas, não a granel. A carga que oferece risco ao ser humano, ao meio ambiente e à segurança pública, independentemente de sua natureza, é denominada *carga perigosa*. Já o contêiner é utilizado tanto como equipamento de transporte quanto de unitização.

Síntese

- A atividade de transporte, em seus diferentes modais, é relevante para a economia, para o desenvolvimento de uma nação e para a manutenção do comércio exterior.
- O transporte contribui para o incremento da competitividade, haja vista sua influência no preço das mercadorias.
- O modo/modal terrestre corresponde ao rodoviário e ao ferroviário. O rodoviário é executado com veículos automotivos, como os caminhões e seus similares, ao passo que o ferroviário é realizado por locomotivas e vagões.
- O modo/modal aquaviário é realizado via mares, rios e lagos, podendo ser utilizado diversos tipos de embarcações estruturadas para as respectivas cargas em transporte.
- O modo/modal aéreo é o mais adequado para cargas que demandam agilidade e segurança no transporte.
- Os transportes multimodal e intermodal surgiram para otimizar as operações logísticas e melhorar a disponibilidade de transporte para certos tipos de cargas em determinadas regiões.
- O conhecimento de embarque é um dos principais documentos do comércio exterior, pois nele consta a posse e a propriedade da carga, entre outras designações.
- O adequado conhecimento da carga é fundamental na definição do transporte, pois o tipo de carga influencia o planejamento e a execução do transporte.
- Unitizar cargas implica agrupar vários volumes em um único, cujo objetivo é reduzir gastos com manuseio, movimentação, armazenagem e transporte.

Logística

Conteúdos do capítulo:

- Termos logísticos.
- Tipos de avarias.
- Seguro de carga.
- Tipos de seguro e cláusulas.
- Órgãos reguladores e normatizadores.
- Desafios do setor de seguros.

Após o estudo deste capítulo, você será capaz de:

1. definir avarias e explicitar seu impacto sobre as operações de comércio exterior;
2. tipificar as avarias de carga;
3. conceituar seguro de carga;
4. relacionar o seguro de carga com o comércio exterior;
5. elencar as principais modalidades de seguro de carga quanto a características, aplicação, cobertura e desafios;
6. comentar sobre as principais cláusulas de seguro de cargas;
7. designar os órgãos reguladores e normatizadores de seguro de cargas.

Neste capítulo, apresentaremos a terminologia técnica aplicada ao comércio exterior no que que tange aos seguros de cargas. Abordemos tópicos como: transporte de cargas, avarias de cargas e seguro de cargas nacionais e internacionais. O conhecimento sobre seguro de cargas, bem como sua tipologia, contratação, custos e critérios de cobertura, é fundamental à criação e ao desenvolvimento de um processo logístico adequado.

capítulo 5

5.1 Atividade logística

Até aqui, já compreendemos que a logística é um fator determinante à competitividade econômica de qualquer nação, com destaque às suas negociações nacionais e internacionais. É constante a preocupação de empresas que operam no comércio internacional pela escolha do modo de transporte mais adequado, que alie menor tempo de trânsito e menor custo (Segalis; França; Atsumi, 2012), o que significa entregar o produto certo, na quantidade certa, no local correto, no prazo acordado e nas condições acertadas.

A logística desempenha, assim, um papel relevante ao crescimento de organizações e economias. De forma a contribuir e a operacionalizar tais negociações, a atividade de transporte evoluiu muito, a começar de quando o homem empregava como forma de transporte sua própria estrutura corporal, chegando, atualmente, a uma infinidade de alternativas à movimentação e ao transporte de carga.

Vimos que os modos/modais de transporte empregados em operações internacionais são: aquaviário, aéreo ou terrestre, cujas especificidades, vantagens, desvantagens e riscos já foram explicitados no capítulo anterior. Logo, concluímos: transportar cargas significa assegurar o deslocamento de bens dentro de determinadas condições e de forma íntegra; quando não, as empresas recorrem a um instrumento de proteção que assegura indenização por prejuízos ocorridos durante o transporte da carga, nacional ou internacional.

Conforme Galiza (2017), no Brasil, o mercado de seguros cresceu a taxas expressivas, o que se justifica pelo volume de roubos e pelos riscos relacionados a acidentes, pois estes podem destruir ou danificar a carga transportada. O autor pontua que esse comportamento se estende aos envolvidos em operações logísticas, nacionais ou internacionais, com vistas a precaver suas organizações de possíveis prejuízos.

No Brasil, o mercado de seguro de transportes de cargas movimentou cerca de R$ 2 bilhões no ano de 2016, distribuídos entre suas principais categorias e com projeção de crescimento. Já o seguro de transporte internacional moveu cerca de R$ 1 bilhão. Apesar de não haver um estudo atualizado sobre esse setor, Galiza (2017) indicou uma projeção de crescimento de 6% a 8% do mercado de seguros para 2018/2019.

5.2 Avarias

Em relações comerciais nacionais ou internacionais, a experiência das partes envolvidas é essencial na definição dos riscos aos quais uma carga pode ser exposta durante as operações, com destaque para a operação de transporte, como: incêndio, roubo, perda, colisão, entre outros sinistros.

Segundo Segalis, França e Atsumi (2012, p. 127), "A palavra avaria tem significado especial em matéria de seguros, pois significa perda parcial que, por sua vez, pode ser perda total da parte da carga segurada ou simplesmente o dano sofrido por toda a carga ou parte dela".

Os *International Commercial Terms* (Incoterms), por exemplo, em que tanto o importador quanto o exportador são responsáveis pela carga durante o transporte, estabelecem a responsabilidade de cada parte, prevalecendo a transferência de risco. Já em uma negociação com termo FOB (*Free on Board* – livre a bordo: porto de embarque nomeado), a situação do seguro segue a seguinte sistemática: até a carga ultrapassar a borda da embarcação, o seguro é de responsabilidade do exportador; quando a carga ultrapassa a murada do navio, é de responsabilidade do importador assegurar as condições da carga desse ponto até o fim de seu percurso.

Ross (1999, citado por Caixeta-Filho; Martins, 2010) já estimava que, em fins do século XX, as perdas e avarias provenientes de acidentes rodoviários no mundo somavam mais de US$ 500 bilhões. Em 2019, no Brasil, segundo dados consolidados do CNT (2019), foram registrados 69.206 acidentes de trânsito em rodovias federais, que envolveram tanto passageiros quanto cargas, sendo que 20.768 e 20.870 foram acidentes ocorridos nas regiões Sudeste e Sul, respectivamente, o que evidencia a concentração de fluxo de veículos nessas regiões.

As principais categorias de avarias em cargas compreendem: quebras, derrames, vazamentos, arranhaduras, amolgamentos, amassamentos, quedas, e demais eventos não oriundos de acidentes rodoviários. Cumpre destacar que, em termos de seguro de cargas, há a cobertura de avarias, como as descritas, e a cobertura de acidentes, que podem compreender aspectos como: colisão, capotagem, abalroamento, tombamento, incêndio ou explosão do veículo transportador.

No âmbito internacional, as avarias são classificadas em *simples/particular* ou *comum/grossa*, estando o relacionado à causa do evento, ou seja, se este foi provocado por um fato fortuito ou voluntário (Segalis; França; Atsumi, 2012).

Avaria simples é o tipo de avaria causada em determinada carga e em uma situação específica, como: carga mal amarrada em um contêiner que, por isso, caiu ao mar; deslocamento de mercadoria que gerou dano à embarcação etc. Nesses casos, quando declarada, são apuradas as causas da avaria. De forma prática, as ações de investigação limitam-se à carga-objeto, o que quer dizer que somente essa carga permanecerá sob domínio da embarcação até que os fatos sejam dirimidos, enquanto as demais cargas seguirão seu percurso normal. Cabe destacar que a legislação brasileira e internacional permite tal tratativa, ou seja, são procedimentos previstos em lei.

Já a **avaria grossa** compreende uma avaria exclusiva do modal marítimo; ela se caracteriza quando, durante o transporte, ocorre algum evento com a embarcação, com a carga ou com a tripulação, situações nas quais, normalmente, são tomadas ações mais drásticas a fim de preservar a vida da tripulação e a integridade da embarcação, prevenindo um possível naufrágio e, se possível, conservando a maior parte da carga transportada. Nesse tipo de avaria, quando declarada, toda a carga a bordo permanece retida pela companhia marítima, seja no porto de destino, seja em algum porto intermediário. Todos os custos causados por este evento – carga lançada ao mar, manutenção da embarcação, salvatagem etc. – são somados e rateados proporcionalmente entre todas as partes que possuíam cargas na embarcação, incluindo o proprietário desta.

Logo se vê que um seguro de transporte de carga internacional não é algo irrelevante, pois é responsabilidade da seguradora proceder com as ações necessárias ao pagamento e à liberação da carga.

5.3 Seguro de carga

Historicamente, as primeiras apólices para o transporte marítimo datam do século XV e foram elaboradas com o intuito inicial de proteger as cargas contra os principais riscos da época, ou seja, pirataria, naufrágio, estragos e perdas. Somente no século XVII foi desenvolvido o conceito atual de **seguro internacional de mercadorias** (Segalis; França; Atsumi, 2012), o qual apresenta mais modalidades de proteção, mas sempre tendo o modal marítimo como foco, a fim de proteger a carga transportada via mares e lagos.

Como instrumento formal, o seguro de carga protege determinada carga durante as operações de transporte realizadas tanto em território nacional quanto internacional, podendo ser contratado pelos seguintes atores: proprietário da carga, despachante aduaneiro, agentes da transação comercial, consignatários, *trading company* e o transportador da carga/mercadoria.

O seguro de carga visa cobrir os prejuízos provenientes de danos causados à carga durante seu transporte, como acidentes, incêndios, explosões, mas também de roubo (da carga e/ou do veículo transportador). Assim, diante de tantas perdas potenciais, o prêmio com seguro passa a apresentar valores elevados (Caixeta-filho; Martins, 2010).

Logo, o seguro de carga perfaz um instrumento essencial à garantia da segurança de cargas, mercadorias, colaboradores e veículos de transporte, bem como é uma forma de resguardar os interesses das organizações contratantes, uma vez que "as mercadorias transportadas devem segurar-se contra perdas ou danos em todas as etapas da viagem, com o objetivo de que nem o fornecedor nem o importador venham a sofrer prejuízos se acontecer algum imprevisto" (Segalis; França; Atsumi, 2012, p. 125).

Ainda, o seguro de carga é obrigatório, pois está previsto na legislação brasileira, devendo ser contratado tanto pelo proprietário da carga quanto pelo transportador. Em casos de contratação pelo proprietário, o item assegurado é a carga (embarcador); já quando é efetuado pelo transportador, o item assegurado corresponde aos prejuízos causados a terceiros (responsabilidade civil). Galiza (2017) reitera que essa modalidade de seguro é composta por uma cobertura básica e padrão de contratação automática e obrigatória, podendo ter garantias adicionais, se desejado pela parte contratante.

Para saber mais

O seguro de carga é obrigatório, pois, conforme previsto no Capítulo VI, art. 12, do Decreto n. 61.867, de 11 de dezembro de 1967, no art. 20 do Decreto-Lei n. 73, de 21 de novembro de 1966, e na Circular n. 010/2007 da Federação Nacional dos Seguros Gerais (FenSeg), as pessoas jurídicas são obrigadas a segurar os bens ou as mercadorias de sua propriedade contra riscos inerentes aos transportes ferroviários, rodoviários, aéreos e hidroviários, quando objeto de transporte em território nacional. Para saber mais sobre esses dispositivos legais, acesse as páginas indicadas a seguir.
BRASIL. Decreto n. 61.867, de 11 de dezembro de 1967. **Diário Oficial da União**, Poder Executivo, Brasília, DF, 14 dez. 1967. Disponível em: <http://www.planalto.gov.br/ccivil_03/decreto/1950-1969/D61867.htm>. Acesso em: 24 jan. 2022.
BRASIL. Decreto-Lei n. 73, de 21 de novembro de 1966. **Diário oficial da União**, Poder Executivo, Brasília, DF, 22 nov. 1966. Disponível em: <http://www.planalto.gov.br/ccivil_03/decreto-lei/Del0073.htm>. Acesso em: 24 jan. 2022.

Exercício resolvido

Além de auxiliar para que toda a atividade de transporte ocorra como esperado, o seguro para transporte de cargas assegura ao contratante o ressarcimento caso ocorram eventuais imprevistos, em operações terrestres, aéreas ou aquaviárias. Sobre o seguro de carga, assinale a alternativa correta:

a. A avaria, no âmbito internacional, pode ser simples ou grossa, cuja classificação é empregada para todos os modais que transitam internacionalmente.

b. Trata-se de um seguro obrigatório, previsto na legislação brasileira, que tipifica a atividade de transporte e sua possível contratação tanto pelo proprietário da carga quanto pelo transportador.

c. Em relações de compra e venda internacional, os Incoterms atuam como balizadores no que tange à responsabilidade das partes pelo seguro da carga.

d. O termo *avaria* tem significado especial para o comércio exterior, pois limita-se aos eventos relacionados à perda de carga.

Gabarito: c.

Feedback **do exercício**: A avaria grossa é exclusiva do modal marítimo, sendo caracterizada quando, durante o transporte, ocorre algum evento com a embarcação, com a carga ou com a tripulação. O seguro de carga deve ser contratado pelas partes, o emprego do termo *possível* sugere a possibilidade de escolha de uma ou outra parte contratar o seguro, mas, no caso, é legalmente indicado para ambas as partes. Já o termo *avaria* implica a perda parcial de carga, que, na área de seguros, relaciona-se às seguintes situações: perda total da parte assegurada ou dano sofrido por toda a carga ou parte dela.

5.3.1 Tipos de seguros

De início, é preciso ponderar que riscos existem em todas as situações, sendo que é possível minimizá-los ou até mesmo eliminá-los com a contratação de um seguro adequado à necessidade de cada organização. Para Segalis, França e Atsumi (2012), **risco** é um evento passível de ocorrer, podendo materializar-se de forma fortuita ou por acidente.

Segundo Corrêa (2010), **grau de risco** é o valor definido estatisticamente sobre a expectativa que existe de um evento negativo ocorrer ou não, cujo cálculo é feito com base na probabilidade da ocorrência de dado evento e de suas consequências/seus impactos. Compreender e definir adequadamente tal probabilidade reduz a vulnerabilidade da empresa contratante, e é justamente isso que a área de seguros visa em suas operações.

Corrêa (2010) aponta três tipos de riscos: aleatórios, intencionais e acidentais, que são por ele assim caracterizados:

- **Risco aleatório**: Causado por fator ambiental, não passível de controle ou gerenciamento, como: furacões, terremotos, enchentes, tornados e tsunamis. Geralmente, os danos causados por riscos aleatórios são devastadores e podem comprometer significativamente a integridade de cargas/mercadorias.
- **Risco intencional**: Gerado pela intenção humana de causar algum prejuízo. Em sua maioria são representativos de ações criminosas, como: ataques terroristas, ataques de *hackers*, roubos a mão armada. Nessa categoria também se enquadra ações não criminosas, como sabotagens e greves.
- **Risco acidental**: Não se encaixa nem em aleatório nem em intencional, ou seja, é o tipo de risco que pode ser controlado e que não ocorre intencionalmente. São exemplos: imprudência, incompetência, negligência e erro operacional.

Quanto à realização de uma avaliação de risco adequada, Corrêa (2010) identifica os seguintes passos:

- **Passo 01**: Identifica-se quais são as atividades/etapas da operação que devem ter seus riscos analisados. Esse passo é necessário haja vista a complexidade de se analisar todos os riscos de forma global.
- **Passo 02**: Identificam-se os fatores de riscos potenciais nas atividades/etapas delimitadas anteriormente. Todos os possíveis riscos devem ser listados, independentemente de sua importância ou probabilidade de ocorrência.

- **Passo 03**: Uma vez identificados os riscos, avalia-se qual deles apresenta a maior probabilidade de ocorrência. O cálculo de tal probabilidade considera o tipo de risco – se aleatório, acidental ou intencional. A lógica de avaliação probabilística de riscos aleatórios e acidentais é baseada em dados históricos.
- **Passo 04**: Determinada a probabilidade de ocorrência do risco, são estudados as consequências e os impactos que podem ser desencadeados caso o evento ocorra. Para eventos que já ocorreram, o histórico é a melhor maneira de estudar seus impactos.
- **Passo 05**: Aavalia-se a vulnerabilidade, cuja análise empreende a avaliação conjunta entre consequência/impacto e a probabilidade de ocorrência do evento, sendo classificada em vulnerabilidade alta, moderada, média ou baixa.
- **Passo 06**: Diminuem-se os riscos detectados por meio de ações contra a vulnerabilidade indicada. Aqui, no caso de seguros, compreende a definição e o alinhamento de cláusulas que deixem as partes envolvidas o menos vulneráveis possível.

No âmbito internacional "a extensão da cobertura do seguro [...] varia bastante, pois existe grande diversidade de tipos padronizados de seguros. Os três tipos mais importantes são: excluída de avaria particular, avaria particular inclusa e todo risco" (Segalis; França; Atsumi, 2012, p. 127). Nacionalmente, há três principais modalidades de seguro de transporte: um obrigatório, contratado pelo comprador ou vendedor da carga, e dois contratados pelos transportadores, sendo um deles obrigatório e o outro facultativo (Galiza, 2017).

5.3.2 Seguro do transportador

Conforme já mencionamos, uma das naturezas do seguro é a responsabilidade civil, centrada na figura do transportador, modalidade também conhecida como *seguro do transportador*. Conforme Segalis, França e Atsumi (2012, p. 128) essa "modalidade de seguro dá cobertura aos veículos transportadores e às cargas de terceiros que eles transportam".

No modal rodoviário, esse tipo de seguro cobre os caminhões e as cargas de terceiros, resguardando o transportador no que tange a avarias ou danos decorrentes de colisões, capotagem, tombamento, incêndio ou explosão do veículo. O seguro de carga para transporte terrestre no território nacional é obrigatório, e sua não observância implica ausência de proteção contra os riscos da operação, bem como penalidades legais (multas).

As principais modalidades de seguros terrestres nacionais, de acordo com Galiza (2017), são:

- **Responsabilidade civil do transportador rodoviário de carga (RCTR-C)**: Modalidade de seguro obrigatória, também conhecida como *seguro acidente*, sua cobertura é válida em todo o território nacional e sua estrutura, no que tange à carga/mercadoria, cobre danos decorrentes de colisões, capotagens, incêndios, tombamento, explosões ou abalroamentos.

  Para os transportadores, cobre os principais riscos aos quais veículos de transporte estão sujeitos durante as viagens. Por exemplo: um acidente de caminhão capotado com carga de soja derramada no asfalto da rodovia BR163 (Pará), caso em que o seguro contratado cobrirá os custos devidos pelo evento indesejado de tombamento. Essa modalidade garante ao contratante o valor do montante segurado e o pagamento de reparações pecuniárias.

  Cabe mencionar, ainda, que esse seguro deve ser contratado pelo transportador mesmo que o proprietário da carga tenha seguro próprio ou não exija o seguro em suas negociações por parte da transportadora, uma vez que é obrigatório independentemente da situação de negociação entre as partes.

- **Responsabilidade civil facultativa do transportador rodoviário por desaparecimento de carga (RCF-DC)**: Modalidade de seguro facultativa, que visa assegurar a carga contra roubo (mediante grave ameaça ou violência) e desaparecimento de carga (quando o veículo é roubado juntamente com a carga). Trata-se de uma modalidade de seguro complementar aos seguros de acidente; também conhecida como *seguro de roubo*, varia conforme o risco da carga, seu histórico de sinistros, região de destino (índice de criminalidade), volume de carga transportada e gerenciamento de riscos. Sua contratação garante o pagamento de reparações pelas quais o contratante for responsabilizado, em virtude da perda ou do dano material à carga de terceiro sob sua custódia. Embora não obrigatória, essa modalidade é indicada principalmente para cargas de alto valor, pois, além de cobrir o roubo total e parcial, também cobre furto simples e qualificado, apropriação indébita, estelionato e extorsão.

No Quadro 5.1, estão sumarizados os principais tipos de seguros nacionais.

Quadro 5.1 – Relação dos principais seguros de transporte nacional (Brasil)

Contratante	Características
Embarcador (comprador ou vendedor)	Seguro obrigatório, sua cobertura abrange roubo, furto ou acidentes com a carga.
RCTR-C	Seguro obrigatório, sua cobertura abrange apenas prejuízos por acidentes nos quais o próprio transportador esteja envolvido.
RCF-DC	Seguro facultativo, sua cobertura abrange o desaparecimento ou roubo da carga.

Fonte: Elaborado com base em Galiza, 2017.

Segalis, França e Atsumi (2012, p. 128) pontuam que

> O eventual desaparecimento da carga será coberto pelo seguro de responsabilidade civil por desaparecimento da carga e só cobre as mercadorias se elas desaparecerem junto com o caminhão ou se estiverem sido armazenadas em pátios ou depósitos, sempre que o prazo de permanência não tenha ultrapassado os 15 dias após a chegada da carga nesses locais.

Além dos seguros ora mencionados, Galiza (2017) apresenta outros grupos de seguros de transportes, quais sejam:

- **Responsabilidade civil do transportador rodoviário em viagem internacional (RCTR-VI):** Modalidade de seguro que visa cobrir danos à carga de terceiros sob a responsabilidade de um transportador, por rodovia em viagem internacional, sendo também conhecido como *carta azul* e utilizado na circulação dos meios de transporte no Mercado Comum do Sul (Mercosul). É obrigatório apenas para transporte internacional. Nesta modalidade, há a cobertura de perdas ou danos ocorridos em transporte internacional ou causadas por: colisão, capotagem, abalroamento, tombamento do veículo transportador e incêndio ou explosão no veículo transportador.

- **Responsabilidade civil do transportador aéreo de carga (RCTA-C)**: Modalidade que assegura o pagamento de reparações, pelas quais o contratante for responsabilizado, conforme disposição do Código Brasileiro de Aeronáutica (CBA). Esse seguro cobre danos materiais à carga de terceiros, em trânsito aéreo nacional, desde que estes ocorram durante o transporte e sejam gerados por: colisão, queda e/ou aterrissagem forçada da aeronave; incêndio ou explosão na aeronave; incêndio ou explosão nos depósitos usados pelo segurado. Do ponto de vista do transportador, no modal aéreo o seguro cobre "danos e problemas acontecidos às aeronaves se ocorrerem acidentes. Também estarão cobertas despesas com socorros, danos e indenizações pagas a terceiros decorrentes do acidente" (Segalis; França; Atsumi, 2012, p. 128).

- **Responsabilidade civil do transportador aquaviário de carga (RCA-C)**: Também conhecido como *seguro do armador de cargas*, nessa modalidade há a garantia de pagamento de reparações pelas quais o contratante for responsabilizado, decorrentes de danos às cargas de terceiros sob sua responsabilidade. Tais danos têm cobertura quando ocorridos em viagem aquaviária nacional e quando são causados por ações de: encalhe, varação, naufrágio ou soçobramento do navio ou embarcação; incêndio ou explosão no navio ou embarcação; abalroação, colisão, contato do navio ou embarcação com qualquer corpo fixo ou móvel; incêndio ou explosão em depósitos, armazéns e pátios utilizados.

Cabe observar que, no seguro do transportador no modal marítimo, há a cobertura de danos à embarcação, tais como: casco, equipamentos e maquinários, estando a embarcação em viagem ou atracada (Segalis; França; Atsumi, 2012).

Por fim, além das modalidades já citadas, figuram também no grupo de seguros de transportes nacional de cargas os seguintes produtos: seguro obrigatório de **responsabilidade civil de transporte ferroviário (RCTF-C)** e o seguro de **responsabilidade civil do operador de transporte multimodal (RCOTM-C)**; ambos empregam as mesmas características de cobertura da modalidade RCTR-C, com a diferença do meio de transporte da carga (Galiza, 2017).

Exercício resolvido

O seguro de carga visa à proteção de organizações que transportam ou embarcam cargas, bem como à garantia de recebimento de indenizações em eventos indesejáveis. Logo, em atividades de movimentação e transporte que são complexas, com alta exposição a riscos diversos, torna-se imprescindível a contratação do seguro de carga. Sobre isso, assinale a alternativa correta:

a. Na modalidade de seguro responsabilidade civil do transportador aéreo de carga (RCTA-C), está assegurado o pagamento de reparações pelas quais o contratante for responsabilizado, sendo que sua cobertura abrange danos materiais à carga de terceiros, em trânsito aéreo nacional e internacional.

b. Risco aleatório é o tipo de risco gerado pela intenção humana de causar algum prejuízo. Em sua maioria, são representativos de ações criminosas e não criminosas.

c. A modalidade de seguro e responsabilidade civil do transportador rodoviário de carga (RCTR-C) não é necessária caso o proprietário da carga/mercadoria tenha seguro próprio.

d. A responsabilidade civil do transportador aquaviário de carga (RCA-C), também conhecido como *seguro do armador de cargas*, somente possui cobertura quando ocorridos em viagem aquaviária nacional.

Gabarito: d.

***Feedback* do exercício**: O RCTA-C assegura a indenização de danos apenas se o sinistro ocorrer em espaço aéreo brasileiro. A descrição indicada na alternativa (b) refere-se a um risco intencional, uma vez que o risco aleatório é aquele causado por fator ambiental, não passível de controle ou gerenciamento humano. O seguro RCTR-C deve ser contratado pelo transportador mesmo que o proprietário da carga possua seguro próprio, pois trata-se de uma obrigação legal.

5.3.3 Seguro internacional

No âmbito internacional, o seguro de transportes de cargas é conhecido como *cargo insurance*, sendo dividido em *land* cargo *insurance* (modal terrestre) e marine *cargo insurance* (modal aéreo e aquático) (Galiza, 2017).

Para contratar um seguro de carga internacional, o exportador ou importador deve buscar uma seguradora que disponha do serviço de seguro de transporte internacional de cargas; geralmente tal tratativa é realizada conjuntamente a um agende/corretor de seguros. Conforme Segalis, França e Atsumi (2012), os termos mais usuais em contratos de seguro internacional são: *segurado, beneficiário, bem segurado, valor segurado, prêmio do seguro, franquia, risco, sinistro, valor da indenização* e *sub-rogação*. Os autores alertam que: "É conveniente que o seguro sempre seja contratado em moeda estrangeira e o valor do prêmio seja pago na moeda estrangeira usada para a contratação do seguro" (Segalis; França; Atsumi, 2012, p. 125).

A escolha do seguro de carga deve estar alinhada à realidade de cada cliente, ou seja, as características de cada modalidade de seguro devem ser adequadas às necessidades da carga do contratante. O seguro de carga pode ser contrato por meio de:

- **Apólice avulsa ou embarque único**: Indicado para embarcadores que efetuam embarques de baixa frequência. Para transportadores, é recomendado quando estes operam com veículos próprios, agregados ou autônomos, sendo essa uma forma de assegurar proteção durante uma única viagem, terrestre, aérea ou marítima, nacional ou internacional.

- **Apólice aberta**: Indicada para organizações que efetuam embarques com frequência. Geralmente, esse tipo de apólice é anual e, à medida que a carga é recebida, são emitidos certificados de averbação por carga recebida, o que flexibiliza o processo e as tratativas do seguro.

No que diz respeito aos pagamentos, as apólices podem ser:

- **Averbáveis ou abertas**: Seu contrato é baseado nas averbações mensais, sendo essa modalidade a única opção permitida aos transportadores.
- **Ajustáveis**: Seu contrato é baseado em prêmio depósito e ajustamento no final de sua vigência.
- **Avulsas**: Seu contrato é firmado a cada viagem, com pagamento antecipado do prêmio.

Para contratar esse tipo de seguro, Segalis, França e Atsumi (2012) recomendam as seguintes ações:

- se exportador, deve enviar uma cópia da fatura comercial e solicitar a emissão do seguro definitivo;
- se importador, deve-se primeiramente enviar uma cópia da fatura proforma ou ordem de compra e solicitar a emissão do seguro provisório da carga, sendo somente definitivo quando a carga for embarcada no modal.

Perguntas & respostas

Você sabe como funciona a contratação de seguro de carga internacional?

Primeiramente, ao optar pela contratação de um seguro de carga, é necessário definir a modalidade de seguro a ser contratada, ou seja, se será efetuada pelo proprietário da carga (embarcador) ou pelo transportador. Quando a opção é o embarcador, é preciso definir o tipo de cobertura (ampla A, restrita B, restrita C); já, se a opção de seguro for pelo transportador, é preciso escolher a modalidade, por exemplo, se será em território nacional ou apenas via RCTR-C ou RCF-DC. Após, realiza-se a cotação e a contratação do seguro.

5.3.4 Tipos de coberturas

O tipo de cobertura de seguro de carga pode variar de seguradora para seguradora, bem como em função das necessidades de cada cliente. Segalis, França e Atsumi (2012) indicam que a contratação de um seguro implica a proteção de determinada carga conforme as circunstâncias e as características da viagem e a um menor custo.

A tipologia de cobertura varia conforme o modal de transporte, apresentada nas seguintes modalidades: básica, adicional e especial. Contudo, existem coberturas muito usuais que cobrem diferentes aspectos e são de ampla aplicação entre as seguradoras, no âmbito internacional, como:

- **Cobertura restrita C e seus riscos cobertos**:
  - incêndio ou explosão;
  - encalhe, naufrágio ou soçobramento do navio;
  - capotagem, abalroamento, tombamento ou descarrilamento;
  - colisão ou contato do navio, embarcação, aeronave ou veículo de terra com qualquer objeto externo;
  - queda e/ou aterrissagem forçada da aeronave, devidamente comprovada;
  - descarga em porto de arribada;
  - carga lançada ao mar;
  - perda total de qualquer volume durante as operações de carga e descarga do navio ou embarcação;
  - perda total decorrente de fortuna do mar, de raio e de arrebatamento pelo mar.
- **Cobertura restrita B e seus riscos cobertos**: Todos os riscos cobertos na cobertura restrita C, acrescidos os riscos elencados a seguir.
  - inundação, transbordamento de cursos d'água, represas, lagos ou lagoas, durante a viagem terrestre;
  - desmoronamento ou queda de pedras, terras, obras de arte de qualquer natureza ou outros objetos, durante a viagem terrestre;
  - terremoto, erupção vulcânica;
  - entrada de água do mar, lago ou rio no navio, embarcação, veículo, contêiner, furgão ou local de armazenagem.

- **Cobertura ampla A e seus riscos cobertos**: Abarca a maior parte dos eventos que possam gerar dano à carga transportada nos modais rodoviário, aéreo, marítimo, fluvial e ferroviário.

Vale destacar que o contratante pode incluir serviços adicionais durante a negociação de sua apólice, sempre em conformidade com suas necessidades. São exemplos, a inclusão de responsabilidade civil ambiental e o seguro de vida para seus motoristas. Para Segalis, França e Atsumi (2012, p. 128): "Uma boa política será a de contratar o seguro nos termos mais apropriados e usuais ao produto a ser exportado e sempre consultar o importador em relação às coberturas a serem contratadas". De acordo com esses autores: "O período de cobertura do seguro deve começar no instante no qual os bens deixam o armazém de origem até o instante em que são entregues no armazém do importador" (Segalis; França; Atsumi, 2012, p. 127).

Em fretes marítimos, cabe considerar que as cargas que não seguirem para o importador após seu descarregamento têm cobertura de até 60 dias. Para embarques aéreos e terrestres cuja carga permaneça em armazéns/transportadora após o desembarque, a cobertura é de 30 dias (Segalis; França; Atsumi, 2012).

Perguntas & respostas

O que não é coberto pelo seguro de carga?
O seguro de carga não cobre: má conduta do segurado, *lock-out*, conflitos de qualquer forma, atos de hostilidade.

Independentemente da seguradora contratada, é importante observar aspectos como: o atendimento prestado deve ser ágil, transparente e eficiente, evitando, assim, que a carga permaneça parada por muito tempo; a forma de averbação de cargas deve ser rápida e segura, sendo indicada a opção por processos digitais de averbação, pois facilitam a contratação do seguro; e o comprometimento com qualidade de serviços.

O que é?

A **averbação** é a comunicação, à seguradora, do embarque da carga. Nesse tipo de comunicação, o contratante formaliza e fornece as informações relativas à viagem, que constam no documento fiscal, o qual pode configurar a nota fiscal, o conhecimento de transporte ou documento fiscal equivalente.

Quanto aos formatos de cobertura de seguros contratados pelo transportador, cumpre comentar que variam conforme a combinação de ocorrências de eventos indesejáveis, os quais podem incluir a proteção contra acidente, roubo, avaria e, até mesmo, limpeza de pista.

5.3.5 Cláusulas dos seguros

As cláusulas de seguros podem variar conforme as especificidades de cada situação de transporte, mas, segundo Galiza (2017), alguns itens são comuns a todos os contratos firmados, como:

- **Propriedade da carga**: Quando coberta pela apólice negociada pelo embarcador, a carga é considerada de propriedade do comprador ou do vendedor; já, quando coberta pela apólice negociada pelo transportador, é considerada de propriedade de terceiros, o que lhes remete a responsabilidade civil pelo seu transporte.
- **Amplitude de cobertura**: Para a carga coberta pela apólice do embarcador, observa-se um conjunto de cláusulas e coberturas mais amplas e específicas do que as contidas nas apólices dos transportadores.
- **Dispensa do direito de regresso (DDR)**: De acordo com a legislação securitária vigente, o embarcador pode incluir em sua apólice a cláusula de DDR em favor do transportador. Por meio dessa cláusula, a seguradora do embarcador emite um documento informando que não acionará o transportador em caso de sinistro que envolva os riscos cobertos pelo seguro RCF-DC.

Segalis, França e Atsumi (2012, p. 127) destacam que a "projeção que proporciona a apólice do seguro vem determinada em grande parte pela cláusula de avaria". Como vimos, cláusulas de transportes são elaboradas para cada cliente, contudo, independentemente do tipo de negociação estabelecida, é importante deixar claro ao contratante que, na aquisição de um seguro, foi contratado um serviço em que as partes têm direitos e deveres. Assim, do mesmo modo que o contratante tem o direito de receber indenização pelas verbas contratadas, de acordo com os limites estabelecidos em apólice, também tem suas obrigações, que, se não observadas, podem conferir à seguradora a negativa da indenização.

5.3.6 Custo do seguro de carga

O desafio de manter a proteção de cargas e mercadorias em operações de importações e exportações é constante. Como vimos, o seguro de carga é uma preocupação não só dos profissionais de logística, mas de todos que operam no comércio exterior. O seguro auxilia as organizações a evitarem prejuízos em suas negociações, bem como as assegura contra imprevistos e riscos dentro e fora das fronteiras brasileiras.

O custo de contratação de um seguro de carga varia muito, mas, como sabemos, é um investimento obrigatório, haja vista as exigências legais, dada a proteção contra os principais riscos relacionados à atividade de transporte.

O custo de contratação do seguro de carga também varia conforme o volume de embarque e o risco da carga transportada, sendo que a indenização por perda e dano pode variar conforme a extensão da apólice contratada.

Galiza (2017) expõe que existe uma diversidade de produtos de seguros, e que estes variam conforme a variedade das cargas, o tipo de modal, a embalagem, a perecibilidade, a origem e o destino da carga, o período desejado de cobertura, o tipo de cobertura (se completa, parcial etc.), o índice de sinistralidade da carga, entre outros fatores.

Assim, dada a variação e o volume de cargas/mercadorias transportadas, é difícil especificar um custo-base para o seguro de carga. Além disso, como já comentamos em outra oportunidade, a cotação das seguradoras costuma ponderar aspectos como: veículo transportador, destino, distância percorrida, sinistralidade, coberturas, vigência, perecibilidade, peso, embalagem da carga/mercadoria etc.

Na determinação do seguro da modalidade RCTR-C, este é determinado com base na própria tabela do RCTR-C, a qual relaciona o ponto de origem e o ponto de destino. Já no seguro modalidade RCF-DC, o cálculo utiliza uma taxa fixa que pode variar entre 0,01% e 0,09% do valor do carregamento.

No âmbito internacional, as taxas de seguro podem variar entre 0,15% a 0,20%, que, diga-se, são muito atrativas e convidativas para que importador ou exportador contrate o seguro.

5.4 Órgãos reguladores e normatizadores

As principais agências e confederações que regulam o transporte de cargas nacional e internacional no Brasil são:

- **Agência Nacional de Transportes Terrestres (ANTT)**: Autarquia federal responsável por regular toda atividade relacionada à exploração da infraestrutura rodoviária e ferroviária federal, bem como à prestação de serviços de transporte terrestre. É desse órgão, por exemplo, que são obtidas informações relevantes à proposição de apólices de seguro, como o índice de violência social ou montante de eventos de cargas roubadas.
- **Agência Nacional de Transportes Aquaviários (ANTAQ)**: Visa regular, controlar, estudar e desenvolver o transporte aquaviário no Brasil. Dados do estudo da Galiza (2017) indicaram que a movimentação dos portos brasileiros em 2016 foi de 998 milhões de toneladas em cargas movimentadas, entre as categorias granel sólido, granel líquido, carga geral solta e contêineres.
- **Agência Nacional de Aviação Civil (Anac)**: Responsável por supervisionar e controlar a atividade de aviação civil no Brasil. Dados dessa agência também são relevantes ao mercado de seguros; um exemplo é a análise da evolução de carga transportada, tanto doméstica quanto internacionalmente. Um levantamento realizado em 2015 indicou que quase 700 mil toneladas de cargas foram movimentadas em viagens internacionais, e que um pouco mais de 300 mil toneladas de cargas foram movimentadas em translados domésticos (Galiza, 2017).

- **Confederação Nacional dos Transportes (CNT)**: Umas das principais representantes do setor de transporte e logística, cujo interesse maior é apoiar o desenvolvimento da economia nacional, bem como atuar em sua defesa.

Como dissemos incialmente, tais órgãos regulam todos os modais de transporte empregados no Brasil; por isso, levantamentos e dados econômicos são relevantes na análise de comércio exterior.

5.5 Desafios do setor de seguros

Embora existam boas perspectivas para o mercado de seguros de carga, é necessário reconhecer que muitos desafios ainda precisam ser vencidos, com destaque para a redução da sinistralidade, a melhoria da situação econômica, o incremento tecnológico e o investimento em infraestrutura. Galiza (2017) comenta a respeito desses desafios:

- **Redução da sinistralidade**: Aspecto diretamente relacionado ao índice de violência, sendo item de constante preocupação de todas as partes envolvidas (embarcador, transportador ou empresa seguradora). Assim, quanto maior a violência, maior a sinistralidade e, consequentemente, maior o impacto no custo do seguro contratado.
- **Melhoria da situação econômica**: Problemas econômicos, como crises e recessão de economias, são um desafio a ser enfrentado pela área de seguro de transportes. Não se trata, contudo, de um problema exclusivo desse setor, mas é preciso estar atento aos impactos gerados, como a redução de consumo e, consequente, a diminuição das atividades.
- **Incremento tecnológico**: A tecnologia é elemento-chave para muitas atividades da sociedade, inclusive para a área de transportes e seguros. Muitos são os exemplos de como ela vem auxiliando o desenvolvimento de atividades econômicas.

O cenário mundial é muito dinâmico, e os segmentos necessitam constantemente evoluir para operarem com melhores níveis. Uma forma possível é a inserção de novas tecnologias e novas de abordagens para que possam competir ao nível da concorrência. Nesse circuito também entra o seguro de cargas, que pode criar estratégias que aliem a tecnologia à necessidade de segurança de cargas/mercadorias. Vale ressaltar que a logística como um todo nunca se desenvolveu tanto como na última década. Assim, cabe aos setores aplicarem adequadamente as tecnologias disponíveis, como: drones, pagamento e rastreio digital, geolocalização etc. Naturalmente, todo incremento tecnológico que auxilie a segurança dessas atividades certamente refletirá no seguro de transporte.

- **Investimento em infraestrutura**: Essa é uma constante demanda da malha de transporte. Embora haja orçamento dedicado à área de transporte nas pastas ministeriais, ainda é insuficiente para suprir as necessidades do setor, quiçá implementar novos investimentos.

Para Ludovico (1998, p. 5), um país sem transporte é um país sem desenvolvimento, "pois este é o elo de ligação entre a fonte de produção e a de consumo, razão pela qual não podemos ignorar como funcionam, administrativa/operacionalmente, os sistemas aplicados nos modais que utilizamos regularmente nas transações internacionais que praticamos". Trata-se, portanto, de um relevante desafio que, se não superado pode limitar o alcance de melhores patamares competitivos.

Mais uma vez confirmamos a relevância da logística como fator decisivo ao desenvolvimento de uma economia, nacional e internacionalmente. Variáveis como agilidade, segurança, qualidade no atendimento e redução de custos constituem demandas constantes ao processo. Logo, nesse viés, o seguro de carga também contribui ao objetivo logístico de operar adequadamente para entregar a carga/mercadoria no local estipulado e na hora agendada, preservando suas características.

Exercício resolvido

Negociações de contratos de seguro de cargas podem ser realizadas tanto por embarcadores quanto por transportadores. Além de prever tipologias específicas para cada modalidade, o seguro de carga também pode variar conforme a escolha do modo/modal, visto que as necessidades das organizações e das cargas a serem transportadas variam. Sobre isso, assinale a alternativa correta:

a. Apólice aberta é uma forma de assegurar proteção durante uma única viagem terrestre, aérea ou marítima, sendo aplicável ao transporte nacional e internacional.

b. As coberturas do tipo restrita C, restrita B, e ampla A destinam-se ao seguro de carga de embarcadores e transportadores no ambiente nacional.

c. Agências e confederações que regulam os modais de transporte no Brasil, embora tenham sua importância em nível legal, não precisam ser observadas pelo segmento de seguros de cargas.

d. A cobertura de apólices para a carga de embarcadores apresenta um conjunto de cláusulas e coberturas mais amplas e específicas do que as apólices dos transportadores.

Gabarito: d.

Feedback **do exercício:** A descrição contida na alternativa (a) refere-se ao modelo de apólice avulsa, visto que a apólice aberta é indicada para a proteção de embarques frequentes. As coberturas mencionadas na alternativa (b) têm ampla aplicação entre as seguradoras no âmbito internacional. As agências e confederações que regulam os modais de transportes são de extrema relevância ao segmento de seguros de cargas, pois atuam como fonte de consulta e referência às propostas de cotação.

Síntese

- As operações de transporte são o objeto da área de seguros de cargas, sobre as quais são calculados índices de risco que associam a seriedade do evento e sua expectativa de ocorrência.
- Seguro de carga compreende uma modalidade que assegura organizações (embarcador ou transportador) quanto à cobertura de eventuais incidentes como perdas, avarias e extravios durante todo o processo de translado de uma carga/mercadoria.
- As avarias correspondem a prejuízos ocorridos durante o transporte, sem envolvimento do veículo transportador, ou seja, são danos gerados na carga durante seu transporte.
- O seguro de transportes de cargas, no âmbito nacional, abrange duas categorias: uma contratada pelo vendedor ou pelo comprador da carga; e dois seguros de responsabilidade civil, contratados pelo transportador.
- O seguro compreende a compra de um serviço que prevê a promessa de indenização futura em caso de ocorrência de determinados eventos para os quais há cobertura.
- A contratação do seguro de carga atende à legislação, visto que é obrigatório para qualquer modal de transporte em território nacional, bem como ao embarcador em qualquer tipo de viagem dentro do país.
- Contratar um seguro de carga é relevante tanto para o importador quanto para o exportador, pois se trata de um instrumento que confere tranquilidade e segurança a toda operação de transporte.
- A contratação de um seguro de transportes de carga internacional segue os preceitos do Incoterms, o qual determina a obrigação de cada uma das partes envolvidas com o transporte, bem como relata os riscos, a proteção da carga, o tipo de pagamento e a entrega da carga em seu destino final.
- A contratação de seguro de cargas pode ser realizada tanto por embarcadores quanto por transportadores, na qual podem estar previstas tipologias específicas para cada modalidade e em conformidade com as necessidades do contratante.

- Aspectos como modal de transporte, volume e tipo de carga e índices de violência social são relevantes à elaboração de apólices de seguro e ao levantamento de custos.

Regimes aduaneiros

Conteúdos do capítulo:

- Regime aduaneiro.
- Regimes aduaneiros especiais.
- Desembaraço aduaneiro.
- Tributação em operações de comércio exterior.
- Sistema Integrado de Comércio Exterior (Siscomex).

Após o estudo deste capítulo, você será capaz de:

1. definir regime aduaneiro;
2. identificar as principais estruturas de regime aduaneiro empregadas no comércio exterior;
3. elencar os principais aspectos do desembaraço aduaneiro;
4. especificar como ocorre a aplicação da tributação em operações de comércio exterior;
5. caracterizar o Siscomex.

A atividade aduaneira é bastante relevante às operações de comércio exterior, uma vez que lida com necessidades de regulação e proteção econômica. Neste capítulo, contextualizaremos a aduana brasileira sob a perspectiva da terminologia empregada nos regimes de desembaraço aduaneiro. O conhecimento sobre a aduana brasileira e suas especificidades é fundamental à criação e ao desenvolvimento de um processo logístico adequado e competitivo.

O objetivo aqui é abarcar uma visão geral sobre os regramentos aplicáveis às relações aduaneiras, com destaque aos aspectos legais e normativos do comércio exterior e suas atividades correlatas.

capítulo 6

6.1 Regime aduaneiro

Diariamente, toneladas de cargas e de mercadorias entram e saem do Brasil, como insumos industriais, maquinários, itens de vestuário, alimentos, equipamentos eletrônicos, automóveis etc. Essa movimentação ocorre em rodovias, portos e aeroportos.

Em um país com a extensão territorial do Brasil, controlar o volume de entrada e de saída de cargas e de mercadorias é um desafio que requer segurança e fluidez. Por isso, antes de qualquer carga entrar ou sair do território nacional, é necessário passar pela aduana brasileira, que visa a trazer segurança às operações de comércio exterior, facilitando a integração econômica, o acesso a mercados e a assinatura de acordos comerciais, além de assegurar a proteção tarifária e combater práticas desleais e danosas.

A aduana está presente em todo o território brasileiro – ou seja, em 16 mil km de fronteira terrestre; em 8 mil km de orla marítima; em mais de 40 aeroportos; em 40 portos; em 218 instalações portuárias; em 34 pontos de fronteira; e em 63 unidades de interior. As atividades realizadas pela aduana são: fiscalização, vigilância, repressão e controle do comércio exterior em portos e em aeroportos. Assim, à medida que a legislação brasileira é modificada, as relações comerciais também se modificam.

O **regime aduaneiro** pode ser caracterizado como a forma de controle a que determinada autoridade aduaneira (jurisprudência aduaneira) submete uma carga/mercadoria a ser importada ou exportada (Rocha, 2001; 2018).

A **jurisdição aduaneira** compreende o poder da autoridade aduaneira de submeter à sua fiscalização de controle as operações de comércio exterior, sendo responsável por inspeção documental, controle alfandegário, avaliação de mercadorias, liberação de carga etc.

Esse poder concedido à autoridade aduaneira foi estipulado pelo art. 237 da Constituição Federal de 1988 (Brasil, 1988), abrangendo todo o território aduaneiro (território nacional). O **território aduaneiro** é composto pelas zonas primária e secundária.

Segundo art. 3º, do Decreto n. 6.759, de 5 fevereiro de 2009, a jurisdição dos serviços aduaneiros é caracterizada pela:

> *I - zona primária, constituída pelas seguintes áreas demarcadas pela autoridade aduaneira local:*
>
> *a) a área terrestre ou aquática, contínua ou descontínua, nos portos alfandegados;*
>
> *b) a área terrestre, nos aeroportos alfandegados; e*
>
> *c) a área terrestre, que compreende os pontos de fronteira alfandegados; e*
>
> *II - a zona secundária, que compreende a parte restante do território aduaneiro, nela incluídas as águas territoriais e o espaço aéreo. (Brasil, 2009)*

Cumpre comentar que a autoridade aduaneira também atua em espaços extraterritoriais especiais, que são as chamadas de *áreas de controle integrado*, localizadas em regiões limítrofes do Brasil com outros países da América do Sul, cuja função é permitir que as autoridades aduaneiras dos países vizinhos realizem o controle aduaneiro em conjunto.

> **Perguntas & respostas**
>
> *Controle de aduana* e *controle de fronteira* **são sinônimos?**
> É muito comum escutarmos que essas duas expressões têm o mesmo sentido, mas isso não é verdade. O **controle aduaneiro** controla e fiscaliza mercadorias, ao passo que o **controle de fronteira** controla e fiscaliza pessoas. São, então, formas de cooperação internacional, permitindo a atuação extraterritorial da autoridade aduaneira.

Existem três formas de regime aduaneiro a que as mercadorias podem ser submetidas: regime aduaneiro comum; regime aduaneiro especial; e regime aduaneiro aplicado em áreas especiais (Rocha, 2001), conforme veremos nas seções seguintes.

6.1.1 Regime aduaneiro comum

O regime aduaneiro comum ocorre ou quando há a nacionalização de uma mercadoria estrangeira (origem na importação) ou quando há a desnacionalização de uma mercadoria nacional (destino à exportação).

Nesse caso, por não haver nenhuma especificidade em suas tratativas, o despacho é direto, pois configuram entradas e saídas para consumo, o que significa que dada mercadoria entra ou sai definitivamente do território aduaneiro (Brasil, 2009; Rocha, 2018).

Nessa modalidade de regime, não existem limitações ou benefícios específicos concedidos. Além disso, a tributação incidente é paga na operação (importação ou exportação), ao mesmo tempo em que são cumpridos os demais requisitos administrativos das operações. Logo, não há suspensão ou isenção de obrigações fiscais.

6.1.2 Regime aduaneiro especial

A carga tributária incidente sobre operações de importação e de exportação constitui um valor relevante a ser considerado quando se quer importar ou exportar. Trata-se de uma avaliação decisiva para os negócios e, muitas vezes, pode mostrar-se insustentável, a depender da tributação imposta. Assim, de forma a incentivar mais empreendimentos e a evitar que as organizações tenham receio de negociar internacionalmente, o governo brasileiro instituiu uma tipologia de regimes aduaneiros especiais.

Os *regimes aduaneiros especiais* recebem essa denominação porque não se enquadram nas regras gerais de desembaraço aduaneiro, tanto na importação quanto na exportação. Portanto, existem procedimentos específicos para cada modalidade e finalidade (Vazquez, 2009).

De modo geral, os regimes aduaneiros especiais são benefícios concedidos pelo governo para algumas organizações brasileiras em suas operações de importação e/ou de exportação. Trata-se de um instrumento que visa, ao mesmo tempo, incentivar o incremento de operações internacionais e delimitar quais organizações podem usufruir de tais benefícios.

Existem muitos regimes aduaneiros especiais previstos no regulamento aduaneiro (Decreto n. 6.759/2009, arts. 307 a 503), cuja aplicação consiste em isentar ou suspender (parcial ou total) as tributações incidentes (Rocha, 2018).

6.1.2.1 *Drawback*

O *drawback* é o regime aduaneiro especial mais comum. Consiste ou na suspensão ou na isenção de tributação na importação de insumos a serem utilizados, exclusivamente, para a produção de bens destinados à exportação. Assim, qualquer empresa que emprega insumos estrangeiros na fabricação de produtos destinados à exportação pode se beneficiar desse regime.

De forma geral, o *drawback* pode ser entendido como um regime aduaneiro que concede benefícios tributários sobre insumos importados que serão empregados na produção de bens destinados à exportação. Por isso, é caracterizado como um acordo entre a empresa requerente e o órgão anuente do governo, por meio do qual a empresa declara, formalmente, que todo o insumo importado para a industrialização de seus produtos será destinado ao mercado externo. Em contrapartida, são concedidos termos de isenção, de suspensão ou de restituição de tributação. Para Rocha (2018), o regime de *drawback* é uma forma de incentivo à exportação, podendo ser aplicado nas seguintes modalidades: suspensão, isenção e restituição.

Suspensão

Nesta modalidade de *drawback*, são suspensos os tributos (II, ICMS, IPI, PIS, Cofins e a taxa AFRMM) sobre os insumos importados a serem usados na industrialização de produtos. Esse benefício é concedido à empresa no ato da importação da mercadoria. Contudo, a empresa, obrigatoriamente, deve assegurar que a produção resultante será destinada à exportação. Se for identificado, em fiscalizações, o não cumprimento do acordo, a empresa perde o benefício fiscal e é multada.

O que é?

O **adicional de frete para renovação da marinha mercante** (AFRMM) compreende um tributo, do tipo contribuição, empregado no desenvolvimento da marinha mercante e da indústria de construção e reparação naval. O montante que é recolhido pelo órgão tributante (proveniente desse tributo) é destinado ao financiamento das atividades realizadas em embarcações brasileiras. Tal tributo é recolhido quando ocorre a descarga da mercadoria no porto, com diferentes alíquotas que incidem sobre o valor do frete.

Isenção

Essa modalidade visa à isenção de tributação na importação de bens adquiridos com o objetivo, unicamente, de repor os estoques de itens anteriormente importados. Existe uma obrigatoriedade de importação em quantidade e em qualidade equivalente à última compra realizada. Portanto, é um benefício que se destina à aquisição de insumos que já haviam sido importados anteriormente pela empresa, mas que foram comprados para reposição de estoque e para a manutenção de produção destinada à exportação (Rocha, 2018).

Restituição

Essa modalidade não é mais utilizada, mas, ainda assim, cabe apontar que consistia na restituição parcial ou total da tributação paga no ato da importação de insumos cujo beneficiamento fosse destinado à exportação e que não voltariam a ser produzidos pela empresa requerente. Muitas organizações foram beneficiadas por essa modalidade, mas necessitavam comprovar às autoridades o emprego dos insumos importados e seu destino. Logo, destinava-se a empresas que, após importar insumos para industrialização e após quitar os impostos, não pretendiam repor seus estoques. Essa modalidade de regime aduaneiro não era concedida para a importação de insumos destinados à industrialização na Zona Franca de Manaus e em áreas de livre comércio (Rocha, 2018).

Desse modo, vê-se que os regimes aduaneiros especiais contribuem para o desenvolvimento de determinados setores da economia brasileira, ao proporcionar-lhes competitividade por meio da isenção ou da suspensão tributária, incentivando, assim, o desenvolvimento econômico de setores prioritários à economia.

Exercício resolvido

O regime aduaneiro compreende a forma de controle pela qual determinada autoridade aduaneira submete toda carga/mercadoria a ser importada ou exportada em seu território aduaneiro. É aplicado em diferentes situações pelos governos de determinadas economias. Sobre isso, assinale a alternativa correta:

a. No regime aduaneiro de *drawback* por restituição, a tributação referente à importação incide sobre os insumos importados, sendo restituída à empresa no ato da importação da mercadoria.

b. No regime aduaneiro especial, a modalidade de *drawback* pode ser concedida para a importação de insumos destinados à industrialização na Zona Franca de Manaus e em áreas de livre comércio, desde que seja comprovada a atividade de exportação.

c. A jurisdição aduaneira compreende o poder que a autoridade aduaneira tem para fazer valer a fiscalização e o controle das operações de comércio exterior.

d. A Zona Franca de Manaus é a área de livre comércio de importação e de exportação destinada à instalação de empresas que visam à produção de bens de exportação.

Gabarito: c.

***Feedback* do exercício**: O *drawback* consiste na restituição parcial ou total da tributação paga no ato da importação de insumos cujo beneficiamento será destinado à exportação e que não voltarão a ser produzidos pela empresa requerente. Os benefícios de *drawbacks* não podem ser estendidos às organizações situadas na Zona Franca de Manaus e em áreas de livre comércio, uma vez que essas áreas já têm benefícios específicos, sendo incoerente conceder benefício sobre benefício. As Zonas de Processamento de Exportação – ZPEs (não a Zona Franca de Manaus) se destinam ao livre comércio de importação e de exportação e as empresas que se instalam em tais zonas visam à produção de bens de exportação, enquanto o objetivo da Zona Franca de Manaus é o desenvolvimento local da região.

6.1.2.2 Regime aduaneiro especial de trânsito aduaneiro

Esse regime permite o transporte de mercadoria, sob controle aduaneiro, de um ponto a outro do território aduaneiro com suspensão do pagamento tributário, sendo vigente do local de origem ao local de destino (Rocha, 2018). Logo, é possível transportar uma mercadoria, sob regime aduaneiro, pelo território nacional (de um recinto alfandegado a outro) com suspensão tributária, desde que seja apresentada a declaração de trânsito aduaneiro (DTA). Como exemplo, imagine a seguinte situação: dada carga é recebida no porto de Santos, mas seu despacho aduaneiro será realizado em Campinas. Então, em Santos, a mercadoria é colocada em um caminhão, que segue, em trânsito aduaneiro, até Campinas. Todo o trajeto é realizado sob controle aduaneiro, com suspensão tributária. Assim, os tributos incidirão sobre a carga somente quando chegar a Campinas.

As modalidades de trânsito aduaneiro são: trânsito de importação; trânsito de exportação; trânsito interno (movimentação entre portos); e trânsito internacional (quando determinada mercadoria passa apenas por um porto, também chamado de *trânsito aduaneiro de passagem*).

6.1.2.3 Regime aduaneiro especial de admissão temporária

O regime aduaneiro especial de admissão temporária autoriza a importação de bens que permanecerão por um prazo fixado no país, durante o qual podem ser praticados atos de suspensão total ou parcial do pagamento tributário, sempre em observância ao critério de utilização econômica, da forma e da condição legal (Rocha, 2018). Existem dois tipos de admissão temporária:

1. **Suspensão total do pagamento de tributos**: Por exemplo, um trator de tecnologia alemã é importado para participar de uma feira. Então, entrará no Brasil, participará da feira e, em seguida, retornará ao exterior, não havendo, assim, recolhimento tributário (os tributos ficam suspensos).
2. **Suspensão parcial do pagamento de tributos**: Há o recolhimento tributário proporcional ao período de permanência do bem em território nacional. É aplicado quando há a utilização econômica do bem (quando o bem é empregado na produção de outro bem ou na venda ou prestação de serviço a terceiro).

Pensemos na seguinte situação: uma empresa importa um guindaste no valor de US$ 500.000,00 para uso em um empreendimento por 10 meses, sendo a alíquota de importação incidente de 20%. Observe que, se o recolhimento fosse integral, o valor seria de US$ 100.000,00. Contudo, esse equipamento ingressa em território nacional sob regime de admissão temporária, para emprego econômico em um empreendimento civil, e após isso retornará ao exterior. Por isso, a tributação incidente será assim determinada: se o tempo de permanência será de 10 meses, será pago um tributo de 10% sobre US$ 100.000,00, resultando em um recolhimento de US$ 10.000,00 e na suspensão de US$ 90.000,00. Logo, parte do tributo é recolhida e parte fica suspensa.

Cabe destacar que os bens admitidos temporariamente em território aduaneiro para fins de uso econômico também ficam sujeitos ao pagamento de tributação federal e estadual (PIS/Pasep/Cofins), proporcionalmente ao período de permanência e de acordo com os termos e as condições legais (Rocha, 2018).

6.1.3 Regime aduaneiro aplicado em áreas especiais: Zona Franca de Manaus

A Zona Franca de Manaus é um dos regimes aduaneiros aplicados em áreas especiais, sendo também considerada uma área de livre comércio de importação e exportação. Essa zona foi criada com o objetivo de viabilizar o desenvolvimento da região amazônica, área afastada dos grandes centros econômicos, por meio de incentivos fiscais especiais.

Segundo Rocha (2018), empresas localizadas na Zona Franca de Manaus podem realizar importações com suspensão do pagamento tributário, desde que os bens importados sejam utilizados na elaboração de matérias-primas, produtos intermediários e materiais de embalagem. Sob esse regime, fica suspenso o pagamento da contribuição para o PIS/Pasep e Cofins.

Esse regime está previsto no art. 40 da Constituição Federal, que determina a sua existência por 25 anos, a contar de 1988 (Brasil, 1988). Entretanto, a Emenda Constitucional n. 42, de 19 de dezembro de 2003 (Brasil, 2003), prorrogou esse prazo por mais dez anos. Análises de cenários indicaram que esse ainda era um período muito curto, e, com a Ementa Constitucional n. 83, de 5 de agosto de 2014 (Brasil, 2014), prorrogou-se, novamente, o prazo para mais 50 anos. Logo, a Zona Franca de Manaus conta com os atuais benefícios fiscais até o ano de 2073.

São exemplos de incentivos fiscais da Zona Franca de Manaus: entrada de mercadoria estrangeira com isenção do imposto de importação (II) e do imposto sobre produtos industrializados (IPI); e possibilidade de que empresas brasileiras vendam para empresas situadas na Zona Franca de Manaus no regime de exportação – ou seja, sobre essas operações incidirão as mesmas condições fiscais de uma exportação.

6.1.3.1. Zona de Processamento de Exportações (ZPE)

As ZPEs são caracterizadas como áreas de livre comércio de importação e de exportação destinadas à instalação de empresas que visam à produção de bens de exportação, com vistas a promover a redução do desequilíbrio regional, o fortalecimento do balanço de pagamentos, a difusão tecnológica e o desenvolvimento econômico e social do país (Rocha, 2018).

Assim, as ZPEs são zonas criadas com o objetivo de reduzir desequilíbrios regionais, fortalecer o balanço de pagamentos e promover a difusão tecnológica e o desenvolvimento nacional. Por isso, o governo federal concede a essas zonas determinados benefícios fiscais e, em contrapartida, solicita o compromisso anual de exportação das empresas ali instaladas.

As importações efetuadas por empresas autorizadas a operarem em ZPEs ocorrem com suspensão do pagamento tributário do II, do IPI, da Cofins, do PIS/Pasep e do adicional ao frete para renovação da marinha mercante (Rocha, 2018).

Reiterando: somente podem operar em ZPEs empresas autorizadas que assumam o compromisso anual de auferir e de manter receita bruta decorrente de exportação de bens e serviços (Rocha, 2018). Tal compromisso é assim estabelecido: 80% da receita bruta anual deve ser proveniente de exportações – ou seja, a empresa deve, majoritariamente, exportar; e, se determinada empresa instalada em uma ZPE pretende importar mercadorias, essa operação ocorre sob suspensão de pagamento tributário, desde que a empresa focalize sua produção na exportação, uma vez que assumiu esse compromisso anual ao se fixar em uma ZPE. No mais, as empresas situadas em ZPEs podem operar no mercado interno, mas não podem se desviar de seu compromisso com o mercado externo.

Para saber mais

Como vimos, as ZPEs são áreas industriais cujas empresas se beneficiam da suspensão de impostos, desde que orientem o resultado de suas atividades à exportação. Atualmente, o Brasil tem 16 ZPEs autorizadas a operar em 15 estados diferentes, sendo:
- **Região Norte**: Acre, Araguaína, Barcarena, Boa Vista.
- **Região Centro-Oeste**: Bataguassú, Cáceres.
- **Região Nordeste**: Ilhéus, Macaíba, Parnaíba, Pecém, Suape.
- **Região Sudeste**: Açu, Fernandópolis, Teófilo Otoni, Uberaba.
- **Região Sul**: Imbituba.

Ficou curioso(a)? Para saber mais sobre as ZPEs, acesse o *site* indicado a seguir: ZONAS de processamento de exportação no Brasil. **Remessa online**, 9 abr. 2020. Disponível em: <https://www.remessaonline.com.br/blog/zonas-de-processamento-de-exportacao-no-brasil>. Acesso em: 31 jan. 2022.

6.2 Desembaraço aduaneiro

O desembaraço aduaneiro é a nacionalização de uma mercadoria para que possa entrar e sair de um país; compreende, portanto, a liberação realizada pela alfândega quanto à entrada e à saída de mercadorias, sendo esta a última etapa dos processos de comércio exterior.

A nacionalização de uma mercadoria é muito importante, pois somente após essa etapa os produtos podem ser negociados legalmente em território nacional. A nacionalização ocorre quando há liberação pela aduana depois da conferência de toda a documentação, da realização de pagamento de tributos e da inspeção de conteúdo. Depois desse aval, a mercadoria está apta a circular (Lopez; Gama, 2010).

O desembaraço aduaneiro também pode ser caracterizado como o ato final do despacho da operação de comércio exterior, sendo o ato por meio do qual a autoridade aduaneira (auditor fiscal) registra a conclusão da conferência aduaneira e, assim, autoriza que dada mercadoria ingresse ou saia de um território. Assim, toda carga que entra ou sai de um país é registrada em um sistema para posterior verificação de dados, documentos e mercadorias declaradas. O objetivo de tais procedimentos é garantir a conformidade da operação.

No que tange ao aspecto legal, o despacho aduaneiro é um processo de fiscalização e de conferência obrigatório nas operações de importação e de exportação de produtos e de bens. Atualmente, no Brasil, o desembaraço aduaneiro é regido pelas normativas e pelo sistema da Receita Federal do Brasil (RFB): o Sistema Integrado de Comércio Exterior (Siscomex).

O profissional que realiza o despacho aduaneiro é o despachante aduaneiro, que precisa ser capacitado para efetuar tal procedimento, pois, se não for realizado de forma adequada, maiores problemas podem passar despercebidos e acarretar multas, correções e, até mesmo, perda de carga. O Decreto n. 6.759/2009 indica que as atividades de fiscalização sobre as operações de comércio exterior devem ser supervisionadas e executadas por auditor-fiscal da RFB.

O que é?

Despachante aduaneiro é o profissional habilitado a praticar atos relacionados ao despacho aduaneiro por seus representados. É a pessoa que se dirige ao terminal de desembarque da carga em nome de seus representados para realizar os processos relativos ao desembaraço de mercadorias, também podendo auxiliar nos seguintes aspectos: contratação de frete com os agentes de cargas; orientação em negociações; captação e seleção de fornecedores.

Assim, podemos caracterizar o despacho aduaneiro como o conjunto de atividades e de processos realizados desde o momento em que a carga chega ao Brasil (porto ou aeroporto) até sua saída do local. As etapas do despacho aduaneiro visam filtrar e identificar irregularidades que possam surgir e, assim, a assegurar a eficácia da fiscalização.

No desembaraço, a presença de carga representa o fim do serviço do agente de carga (fim do serviço de transporte) e o início do serviço do despachante aduaneiro (desembaraço aduaneiro). Uma expressão muito empregada é: "a carga já deu presença?", o que quer dizer que a carga se encontra descarregada e disponível no terminal do modal contratado. A presença de carga indica que a carga está fisicamente liberada no país e no sistema. Após a presença de carga, o despachante aduaneiro comunica o numerário ao importador, que nada mais é do que o valor que o importador deve pagar para a liberação da carga importada. Esse valor compreende a soma de valores como tributação federal, tributação estadual, custos de armazenagem e de movimentação, honorários profissionais, taxas de porto etc.

Na importação, são recolhidos cinco tributos, sendo quatro federais: II, IPI, PIS, Cofins e ICMS (imposto estadual). Para o pagamento do numerário, o despachante aduaneiro realiza o registro do despacho de importação (DI), que consiste na transmissão, para o sistema Siscomex, de todos os dados relativos à importação. No momento dessa transmissão, realiza-se o débito em conta apenas da tributação federal. O DI é o documento no qual estão discriminados dados básicos sobre a carga: informações sobre as mercadorias, dados do importador/exportador, indicação do regime de transação, origem/destino, autoridades, responsabilidades etc.

Atualmente, o processo é eletrônico, sendo repassado, automaticamente, para o sistema da Receita Federal, responsável por dar sequenciamento às demais atividades de desembaraço.

Após, é realizada a parametrização da carga, que compreende a espera pela definição do canal de conferência. Depois, segue-se: o pagamento da tributação estadual da localidade para a qual se está importando (estado destino da importação); a elaboração da nota fiscal por importação (Documento Auxiliar de Nota Fiscal Eletrônica – Danfe); e a retirada de carga do terminal, seguindo os processos usuais das atividades de transporte.

Perguntas & respostas

Você sabe como ocorre a parametrização?
Na parametrização, o canal de conferência é realizado de forma automática e em conformidade com os algoritmos da Receita Federal. Atualmente, o canal de conferência está disponível diariamente, em dois horários: às 8h e às 14h.

A carga, após a parametrização, pode passar por um dos quatro canais principais: vermelho, amarelo, verde e cinza:

1. **Vermelho (verificação da mercadoria + exame documental)**: A carga é auditada pelo fiscal da Receita Federal tanto no que se refere à documentação (original) quanto à parte física. O fiscal realiza a conferência da carga *in loco*, avaliando a conformidade entre o que é declarado e o que consta presencialmente, a fim de garantir a idoneidade da transação. Se a carga estiver de acordo com a documentação, é liberada. O limitante desse canal é o tempo que pode ser demandado para a conferência, o qual pode ser impactado pela sequência de processos que aguardam conferência.

2. **Amarelo (exame documental)**: Quando há alguma divergência documental, como incompatibilidade de informações, omissão de dados ou documentação incompleta, sendo necessárias ações de readequação e de reenvio. Nesse canal, o fiscal apenas realiza a conferência de todo o processo documental original. Quando tudo estiver adequado, a carga é liberada pela fiscalização.

3. **Verde (liberação automática)**: A carga é liberada automaticamente pela fiscalização, pois foram detectadas inconformidades em análise prévia pelo sistema. Trata-se do canal de conferência em que a carga é liberada mais rapidamente.

4. **Cinza (verificação da mercadoria + análise documental + exame do valor aduaneiro)**: Cargas com suspeita de fraudes e de subfaturamento e mercadorias muito visadas pela pirataria. A carga permanece parada até o fim da investigação que será instaurada.

O processo de despacho aduaneiro vem evoluindo nos últimos anos, com destaque para o incremento de inteligência e de informatização, sempre visando às ações inibidoras ao comércio irregular e a facilitar a rotina operacional das partes envolvidas.

Exercício resolvido

O desembaraço aduaneiro compreende a liberação de uma carga/mercadoria pela alfândega (aduana) para que possa entrar (importação) ou sair (exportação) de determinado território aduaneiro. Portanto, é uma atividade da prática de comércio exterior. Sobre a relevância do desembaraço aduaneiro, assinale a alternativa correta:

a. Quando a parametrização indica o canal de conferência vermelho, ocorre verificação da mercadoria, análise documental e exame do valor aduaneiro.

b. A presença de carga indica que a carga está fisicamente liberada no país e no sistema.

c. O despacho aduaneiro é um processo de fiscalização e de conferência obrigatório na operação de importação, mas é facultativo na exportação de produtos e de bens.

d. Quando ocorre o registro da DI, realiza-se o débito em conta de toda a tributação incidente sobre a operação realizada, seja de importação, seja de exportação.

Gabarito: b.

Feedback **do exercício:** O canal de conferência vermelho indica a ocorrência de verificação da mercadoria e de exame documental. Nesse tipo de canal, a carga é auditada pelo fiscal da Receita Federal tanto no que se refere à documentação (original) quanto à parte física. Assim, a descrição indicada na alternativa (a) é característica do canal cinza. Já o despacho aduaneiro é um processo de fiscalização e de conferência obrigatório em operações de importação e de exportação de produtos e de bens. Quanto ao pagamento, quando há o registro da DI, realiza-se o débito em conta apenas da tributação federal, pois as tributações estaduais são cobradas posteriormente.

6.3 Tributação em operações de comércio exterior

Incrementar as vendas e conquistar novos mercados é muito importante, principalmente em tempos de incerteza como o que vivemos atualmente. Assim, em tempos de economia instável, operar no comércio exterior pode ser uma alternativa à manutenção das operações nacionais brasileiras para muitas organizações.

Entretanto, ao lançar-se nesse meio, é premente saber avaliar os prós e os contras inerentes a essa modalidade de negócio, com destaque para a legislação que rege o comércio internacional de mercadorias. Por isso, nas seções a seguir, apresentaremos os principais tributos incidentes em operações de comércio exterior.

6.3.1 Imposto de exportação (IE)

De acordo com o Rocha (2018), o IE incide sobre toda mercadoria nacional ou nacionalizada destinada ao exterior. Como vimos, uma mercadoria nacionalizada é aquela que tem origem estrangeira e é importada a título definitivo.

No que tange ao IE, a Câmara de Comércio Exterior (Camex) relaciona as mercadorias sujeitas a tal tributação. O IE, conforme art. 213 do regulamento aduaneiro (Rocha, 2018), é calculado considerando-se o fato gerador ocorrido na data em que foi realizado o registro de exportação (RE) no Siscomex.

Rocha (2018) explica que, de acordo com o art. 214 do regulamento aduaneiro, a base de cálculo do IE considera o preço normal que a mercadoria tem no mercado internacional observadas as normas expedidas pela Camex, se forem aplicáveis. Quanto à base de cálculo ser orientada pelo preço normal, deve-se observar que isso indica o valor da carga/mercadoria em seu local de embarque. Ainda, sobre a determinação do valor da mercadoria para a incidência do IE, destaca-se a necessidade de observação da taxa de câmbio aplicável, que deve ser correspondente ao dia útil imediatamente anterior ao da ocorrência do fato gerador do imposto – isto é, um dia antes da data de RE.

A definição do valor de mercadoria não pode ser inferior à soma do custo de aquisição ou de produção; dos impostos e das contribuições incidentes; e de uma margem de lucro de 15%. Logo, a determinação da base de cálculo é a determinação do valor sobre o qual o IE incidirá.

O regulamento aduaneiro prevê que o IE terá uma alíquota de 30%, podendo ser reduzida ou aumentada por atos do Poder Executivo via resolução da Camex. Nesse sentido, se observarmos a maioria dos produtos exportados pelo Brasil, veremos que têm alíquota zero. Apenas alguns produtos apresentam alíquotas diferentes de zero, como é o caso de armamentos.

O texto do regulamento aduaneiro indica que a alíquota pode ser aumentada ou reduzida somente para atender aos objetivos da política cambial e do comércio exterior. No caso de haver aumento, não poderá ser superior a 150% (Rocha, 2018). É importante destacar que o IE não objetiva a arrecadação de recursos para os cofres da União; ao contrário, esse tributo tem, como objetivo, a ação extrafiscal, ou seja, auxiliar na regulação econômica.

Exemplificando

Como vimos, o IE tem um papel regulador da economia. Então, o aumento hipotético do preço internacional de dada mercadoria cria uma situação muito interessante para os produtores brasileiros, que tendem a exportar esse produto aproveitando a alta de seu preço. Contudo, imaginemos que, se todos os produtores de determinada mercadoria optarem por enviar sua produção ao exterior, essa atitude acarretaria desabastecimento interno e alta de preço da mercadoria no mercado nacional. Assim, o governo, quando nota esse comportamento, aumenta a alíquota do IE.

Saiba mais

Como dissemos a pouco, o IE, em determinadas situações, equivale a zero para alguns produtos. Em consulta realizada ao Siscomex no período de escrita deste livro, a alíquota aplicada para cigarros e armamentos é de 150% (para mais 45 países). Caso deseje obter mais informações sobre a exportação, consulte o domínio indicado a seguir.

TRATAMENTO administrativo de exportação. **Siscomex**, 10 set. 2019. Disponível em: <http://siscomex.gov.br/informacoes/tratamento-administrativo-de-exportacao/>. Acesso em: 31 jan. 2022.

Ao optar pela isenção do IE sobre determinados produtos, o governo brasileiro incentiva as negociações internacionais, gerando renda interna ao promover a manutenção da produção doméstica e a criação de empregos.

6.3.2 Imposto de importação (II)

De acordo com o Rocha (2018), o II incide sobre mercadoria estrangeira que adentra o território aduaneiro. Esse tributo é aplicável sobre mercadorias, bagagens de viajantes e bens enviados na forma de presentes, amostras e a título de gratuidade (Rocha, 2018).

Nessa modalidade de operação de comércio exterior, o sujeito passivo é a parte obrigada ao pagamento do imposto ou da penalidade pecuniária. No que diz respeito à operação de importação, o sujeito passivo pode ser representado por três pessoas: **contribuinte** (importador, destinatário de remessa postal, adquirente de mercadoria entrepostada); **responsável** (depositário, transportador); e **responsável solidário** (Rocha, 2018).

O fato gerador do II é representado pela entrada de mercadoria estrangeira em território aduaneiro. É importante destacar que, conforme pontua Rocha (2018), a caracterização do fato gerador na importação não se aplica às malas e às remessas postais internacionais.

Para efeito de cálculo do II, e com base no art. 73 do regulamento aduaneiro (Rocha, 2018), são considerados fatos geradores da importação: data do registro da DI; data do lançamento do correspondente ao crédito tributário; data de vencimento do prazo de permanência de dada mercadoria em recinto alfandegado; e data de registro da DI temporária para uso econômico.

A base de cálculo para determinar o II, conforme o art. 75 do regulamento aduaneiro (Rocha, 2018), advém das seguintes situações:

- **Quando a alíquota for específica**: Trata-se de uma importância em dinheiro que incide sobre uma unidade de medida prevista em lei, que pode referir-se à metragem e ao peso de determinada mercadoria importada.
- **Quando a alíquota for *ad valorem***: Indica um percentual a ser aplicado sobre a base de cálculo. Nesse caso, o valor aduaneiro será apurado segundo normas do art. 7º, inciso I, do Acordo Geral sobre Tarifas Aduaneiras e Comércio (GATT, do inglês *General Agreement on Tariffs and Trade*).

Em seu art. 90, o regulamento aduaneiro orienta que o II seja calculado pela aplicação das alíquotas fixadas na tarifa externa comum (TEC) (Rocha, 2018). Atualmente, prevalece o emprego da alíquota *ad valorem*, não existindo determinação de aplicação de alíquotas específicas na TEC (Rocha, 2018).

Sabemos que, enquanto bloco econômico, o Mercado Comum do Sul (Mercosul) opera na condição de união aduaneira – ou seja, emprega uma política comercial comum aos países não membros pela adoção de uma TEC. Recordemos que a TEC visa promover a padronização de alíquotas entre os países membros do bloco, de forma que todas as nações do bloco empreguem a mesma alíquota de importação para as mercadorias negociadas. Um exemplo é a aplicação da TEC (10%) na importação de maçãs argentinas. Nesse caso, quando um membro do bloco negociar (importar) maçãs com um país não membro do bloco, o importador deve aplicar a alíquota de 10%. Contudo, se a operação de importação ocorrer entre países membros do bloco, a alíquota aplicada será de 0% (100% de desconto). Essa tratativa auxilia as duas economias, visto que a maçã é a terceira fruta mais importada pelos brasileiros. Contudo, a TEC não limita as negociações com outros países, mas apenas favorece e protege as economias do bloco. Por exemplo, o Brasil também importa maçãs da China, caso em que é aplicada a alíquota de 10%.

6.3.2.1 Imposto de importação: regime de tributação simplificada

Quando uma importação é concluída, muitos são os tributos incidentes, como: II, IPI, contribuições sociais (PIS/Pasep, Cofins) e ICMS. Mesmo uma remessa postal internacional, a depender de seu valor, é passível de tributação. Contudo, é importante destacar que remessas internacionais compreendem tanto bens quanto documentos que chegam e saem do Brasil transportados ou pelos Correios (Empresa Brasileira de Correios e Telégrafos – ECT) ou por empresas privadas de transporte expresso internacional.

O II, no regime de tributação simplificada, é destinado às remessas postais internacionais de até US$ 3.000,00. Caracteriza-se situação de isenção tributária: se a mercadoria vier pelos Correios; se o valor for de até US$ 50,00; e se o remetente e o destinatário forem classificados como pessoas físicas. No entanto, se a remessa internacional ultrapassar US$ 50,00, mas for menor que US$ 3.000,00, haverá uma alíquota de 60% do II, com isenção do IPI, do PIS/Pasep e do Cofins da importação. Já quando a remessa internacional tiver valor superior a US$ 3.000,00, faz-se necessário apresentar a DI, e a alíquota incidente será a prevista na tarifa externa comum do Mercosul.

6.3.3 IPI: importação

O IPI é o imposto federal que incide sobre todos os produtos industrializados, sejam nacionais, sejam estrangeiros. O fato gerador vinculado ao IPI da importação é o desembaraço aduaneiro; mais especificamente, a sua data de desembaraço. Rocha (2018) pontua que esse imposto incide sobre produtos industrializados de procedência estrangeira, embora haja exceções indicadas no art. 237 do regulamento aduaneiro.

O IPI é recolhido por ocasião do registro da DI – ou seja, quando é realizada a transmissão da DI acontece débito em conta desse tributo.

O que é?

Fato gerador é a descrição legal de um evento que, se ocorrer, gerará uma obrigação tributária. Por exemplo, o fato gerador do IE é a saída de mercadoria do território nacional; já o fato gerador do II é a entrada de mercadoria externa no território nacional – isto é, o momento de registro de sua declaração.

A base de cálculo do imposto, na importação, tem o mesmo valor-base para o cálculo do II, acrescido do montante desse imposto e dos demais encargos cambiais. Esse tributo é calculado conforme as prerrogativas da tabela de incidência do imposto sobre produtos industrializados (Tipi), disponível no endereço indicado a seguir.
BRASIL. Decreto n. 8.950, de 29 de dezembro de 2016. **Diário Oficial da União**, 30 dez. 2016. Disponível em: <https://www.gov.br/receitafederal/pt-br/acesso-a-informacao/legislacao/documentos-e-arquivos/tipi.pdf>. Acesso em: 31 jan. 2022.

6.3.4 PIS/Pasep e Cofins: importação

São contribuições sociais de competência federal destinadas ao financiamento da seguridade social, sendo incidentes sobre a operação de importação de produtos estrangeiros.

Para Rocha (2018), o fato gerador do PIS/Pasep e da Cofins é representado pela entrada de bens estrangeiros importados no território aduaneiro. Ainda, segundo Rocha (2018), para efeito de cálculo, considera-se a ocorrência dos seguintes fatos geradores: data do registro da DI, dia do lançamento do correspondente crédito tributário; e data do vencimento do prazo de permanência dos bens em recinto alfandegado. No art. 253, o regulamento aduaneiro estabelece a base de cálculo dessas contribuições sobre o valor aduaneiro (o valor base para o cálculo do II), acrescido do valor do ICMS incidente no desembaraço aduaneiro e do valor das próprias contribuições.

O PIS/Pasep tem uma alíquota geral de 1,65%. Entretanto, é necessário avaliar cada situação de importação, pois já existem alíquotas específicas para determinados produtos. Na Cofins, há a alíquota geral de 7,6%, mas destaca-se, igualmente, a necessidade de se avaliar a natureza da operação de importação realizada, pois também existem alíquotas específicas para determinados produtos.

O PIS/Pasep e a Cofins são recolhidos por ocasião do registro da declaração de importação – ou seja, quando é realizada a transmissão da DI acontece o débito em conta desses tributos.

6.3.5 ICMS

O ICMS é um tributo de competência estadual que incide sobre todas as operações de circulação de mercadorias e de serviços de transporte interestadual, intermunicipal e de comunicação nacionais; e sobre todas as operações e prestações de serviços que se iniciem no exterior. Incidirá sobre a entrada de mercadoria importada, situação em que será considerado, como fato gerador, o momento do desembaraço aduaneiro. No que tange à determinação da base de cálculo do ICMS em operação de importação, é importante perceber sua complexidade (Rocha, 2018).

De acordo com a Lei Kandir, a determinação da base de cálculo do ICMS em uma importação pode ser assim estruturada: haverá o somatório do valor declarado nos documentos de importação; do II; do IPI; do imposto sobre operações de câmbio; de qualquer outra tributação; e das despesas aduaneiras (incluindo o próprio ICMS, o PIS/Pasep e a Cofins) (Rocha, 2018). A alíquota desse tributo varia conforme a legislação vigente no local em que o desembaraço aduaneiro for realizado.

Além dos tributos comentados nesse tópico, independentemente de incidirem sobre operações de exportação e de importação, é relevante considerar outros: frete e seguro internacional; despesas bancárias; e demais custos associados à mercadoria importada ou exportada.

Exercício resolvido

A tributação em operações de comércio exterior deve ser recolhida sempre que houver entrada ou saída de mercadorias do território nacional. Existem exceções de cobranças, como as indicadas em regimes aduaneiros especiais. Sobre a tributação incidente sobre as operações de comércio exterior, assinale a alternativa correta:

   a. A remessa internacional cujo valor varie entre US$ 50,00 e US$ 3.000,00 tributária é isenta de tributação.

   b. A alíquota do IE pode ser aumentada ou reduzida, mas, nas situações de aumento, não pode ser superior a 100%.

   c. O II tem, como fato gerador, a saída da mercadoria do território aduaneiro.

   d. Fato gerador é uma descrição legal de um evento que, se ocorrer, acarretará uma obrigação tributária.

Gabarito: d.

Feedback **do exercício**: Sobre a remessa internacional, cujo valor é maior do que US$ 50,00 e menor do que US$ 3.000,00, incide uma alíquota de 60% do II, com isenção do IPI, do PIS/Pasep e da Cofins da importação. A alíquota do IE pode ser aumentada ou reduzida somente para atender aos objetivos da política cambial e do comércio exterior; em caso de aumento, não pode ser superior a 150%. É o IE que apresenta, como fato gerador, a saída da mercadoria do território aduaneiro.

6.4 Siscomex

A gestão do comércio exterior, atualmente, é realizada por áreas de competências subdivididas e organizadas em órgãos anuentes e gestores, responsáveis pela liberação ou não da entrada de mercadorias no país.

Como vimos, órgãos gestores são responsáveis pela administração, pela manutenção e pelo aprimoramento do Siscomex em sua área de competência. Nesse sentido, são órgãos gestores a RFB, a Secretaria de Comércio Exterior (Secex) e o Banco Central (Brasil, 2016). Por sua vez, os órgãos anuentes realizam a averiguação das mercadorias nas operações de comércio exterior quanto à sua conformidade física e documental, e sob essas ações incide uma taxa específica, a taxa Siscomex. Toda a atividade dos órgãos anuentes é gerida, atualmente, pelo Portal Siscomex.

O que é?

A **Taxa Siscomex** é recolhida no ato de registro da DI no sistema Siscomex, trata-se de uma cobrança prevista em lei (Lei n. 9.716, de 26 de novembro de 1998) e que recentemente foi alterada pela Instrução Normativa RFB n. 1.833, de 25 de setembro de 2018. Atualmente, o valor da taxa é de R$ 185,00 por DI e de R$ 29,50 para cada adição de mercadoria na DI, observados os limites estabelecidos pela RFB, em que: até a 2ª adição, R$ 29,50; da 3ª à 5ª, R$ 23,60; da 6ª à 10ª, R$ 17,70; da 11ª à 20ª, R$ 11,80; da 21ª à 50ª, R$ 5,90; e a partir da 51ª, R$ 2,95. Cumpre destacar que a Taxa Siscomex é devida independentemente da existência de tributo a recolher.

No que tange às operações de exportação e de importação realizadas no Brasil, há o mesmo nível de complexidade dos processos de outras localidades do globo. Atualmente, no Brasil, todos os procedimentos de operações de comércio exterior são informatizados e se encontram unificados em um único sistema: o Siscomex (Brasil, 2016).

O Siscomex é um sistema integrado que permite a comunicação entre exportadores, importadores e órgãos anuentes. Essa ferramenta governamental centralizam as informações referentes ao comércio exterior brasileiro em um único repositório. O Siscomex foi instituído pelo Decreto n. 660, de 25 de setembro de 1992 (Brasil, 1992). Seu advento trouxe maior confiabilidade aos processos; redução de custos; eliminação de gargalos documentais; automação de processos; maior acessibilidade; e agilidade aos processos (Brasil, 2016).

Para saber mais

Acesse o endereço do portal Siscomex e conheça quais são os órgãos e os agentes atuantes no comércio exterior, os quais estão interligados nos processos de importação e de exportação. Nesse portal, o usuário pode realizar atividades de registro, acompanhamento e controle de operações do comércio exterior.
PORTAL único Siscomex. Disponível em: <https://portalunico.siscomex.gov.br/portal/>. Acesso em: 31 jan. 2022.

Síntese

- A aduana é um órgão do governo responsável por controlar e por fiscalizar a entrada e a saída de mercadoria em território nacional. Também lhe cabe a cobrança de tributos incidentes sobre tais mercadorias.
- Existem muitos mecanismos de incentivo ao comércio internacional, dentre os quais estão os regimes aduaneiros especiais, que se caracterizam por procedimentos específicos que atendem a situações específicas de importação e de exportação.
- As Zonas de Processamento de Exportação (ZPEs) são áreas industriais cujas empresas são beneficiadas com a suspensão de impostos, desde que orientem suas ações para a exportação.
- O *drawback* compreende um benefício orientado à redução do custo de produção para, assim, obter preços competitivos em negociações internacionais. Por meio dessa modalidade, é obtida a isenção, a suspensão ou a restituição de tributos sobre insumos a serem utilizados no processo de fabricação de bens a exportar.
- No despacho aduaneiro, ocorre a verificação da concordância entre bens e documentação; a constatação de veracidade das informações declaradas; o recolhimento de tributação relacionada; e o pagamento das demais despesas alfandegárias.

- A tributação de operações de comércio exterior deve ser recolhida sempre que houver entrada ou saída, em território nacional, de mercadorias.
- Além do imposto de importação (II), também são relacionados à operação de importação os seguintes tributos: Imposto sobre Produtos Industrializados (IPI); Imposto sobre Circulação de Mercadorias e Serviços (ICMS); Imposto sobre Serviços de Qualquer Natureza (ISS); e contribuições de PIS/Pasep e Cofins.
- O Sistema Integrado de Comércio Exterior (Siscomex) é um instrumento informatizado pelo qual é exercido o controle e a fiscalização governamental das atividades do comércio exterior brasileiro.

Estudo de caso

O presente caso aborda o processo de exportação de uma empresa brasileira atuante no segmento alimentício. O desafio é problematizar a questão por meio dos estudos realizados ao longo dos capítulos, refletindo acerca de uma possível solução ao caso.

Texto do caso

A geleia de frutas da marca baiana Só Sabores acaba de conquistar a preferência de mais um país: o Chile. A organização enviou, no primeiro semestre do ano de 2020, ao mercado chileno, seus primeiros contêineres com cerca de 50 toneladas do produto, que será vendido no país como marca própria, apoiada por uma grande distribuidora chilena. A intenção da Só Sabores é iniciar exportação trimestral para o Chile de um contêiner de 20 pés com 20 toneladas de geleia, o que representaria, ao ano, o envio de quatro carregamentos.

À medida que empresa consolidar sua marca e seu produto no mercado, é de seu desejo ampliar o fornecimento ao país. Para tanto, a Só Sabores realizou um investimento de R$ 500 mil na expansão para o Chile, já estando computados os gastos produtivos e o atendimento às exigências empresariais do setor de alimentos local.

Vale destacar que a conquista do mercado chileno é parte da estratégia organizacional da Só Sabores, que, em 2017, definiu como um de seus objetivos estar presente em outros países que não só o Brasil, principalmente na zona do Mercosul. Atualmente, a marca está ativa em cinco países do bloco, cujas exportações representam 8% do faturamento da empresa. Conforme estratégia organizacional de 2017, o objetivo da Só Sabores é duplicar o faturamento proveniente de negociações internacionais até 2021.

A produção e venda nacional de geleias de frutas ainda é muito relevante para a Só Sabores, mas é de interesse da empresa que, ao estabelecer relações externas, possar ampliar o alcance de sua representatividade. A expansão para o Chile foi possível em razão do estabelecimento de uma parceria estratégica local com a distribuidora Só Potes, empresa especializada na comercialização de produtos brasileiros na América Latina e que percebeu na geleia de frutas uma oportunidade de negócio.

Assim, após exportação favorável à empresa Só Sabores, houve um consenso dos envolvidos de que era chegado o momento de intensificar suas ações de expansão para o mercado internacional e você foi o escolhido(a) para participar desse processo. Diante disso, apresente os principais aspectos que têm de ser observados pela empresa nesse processo.

Resolução

É possível traçar muitos aspectos de convergência à prática da empresa Só Sabores, como:
- Confirmação de que as operações em comércio exterior podem possibilitar a diversificação da produção nacional, o incentivo da competitividade e do crescimento econômico, bem como acelerar o desenvolvimento desse segmento.
- Escolha assertiva em operar dentro de um bloco econômico, de modo a fortalecer tanto a economia da nação de origem quanto a economia da nação com a qual se está negociando. Nesse ponto, a Só Sabores pode obter maior representatividade perante os demais blocos econômicos e até mesmo ante a economia mundial.
- Em se tratando de uma transação internacional, a Só Sabores precisa definir com sua parceira Só Potes uma forma de pagamento que atenda às demandas tanto do importador quanto do exportador. Assim, a Só Sabores pode optar por uma das modalidades de pagamentos em negociações internacionais: pagamento antecipado, remessa sem saque, cobrança (a vista ou a prazo), remessa direta (à vista ou a prazo) e carta de crédito.
- Devido a sua operação em um bloco econômico, a Só Sabores não enfrentará a imposição de barreiras tarifárias, podendo ser observada, contudo, a ocorrência de barreiras não tarifárias, como licenciamentos, principalmente por ser um produto alimentício.
- Estratégia de internacionalização *joint venture*, pela qual a Só Sabores visa estabelecer uma aliança estratégica com uma empresa de determinado país de interesse, a Só Potes, que já conhece e domina a arena competitiva do segmento de geleias, auxiliando, assim, na comercialização da mercadoria.

- Haja vista que a carga é unitizada em contêiner e, inicialmente, apresentar uma baixa frequência de envio, é atrativo o emprego do transporte rodoviário internacional, indicado para países limítrofes, pois, por meio desse modal, a Só Sabores pode operar com simplicidade no envio de pedidos, além de ter maior disponibilidade para embarques urgentes, o que permite que sua parceira, a Só Potes, faça uma integração de regiões no fornecimento do tipo entrega porta aporta, proporcionando maior comodidade para o exportador e o importador.
- De forma a demonstrar seriedade e comprometimento, a Só Sabores pode também contratar um seguro de carga, imprescindível tanto para o importador quanto para o exportador. Lembrando que a contratação do seguro de transportes de carga internacional segue o Incoterms, que delimita a obrigação de cada uma das partes envolvidas com o transporte quanto aos riscos, à proteção, ao pagamento e à entrega da carga em seu destino final.
- Como a empresa visa também outros mercados externos, a Só Sabores tem de procurar incentivos governamentais, sobretudo tributários, haja vista que a empresa está gerindo negociações internacionais que geram renda interna, promovendo a manutenção da produção doméstica e a empregabilidade.

Dica 1

Muitos são os desafios à exportação brasileira, pois, embora haja incentivo governamental, poucas empresas se sentem seguras a lançar-se nesse mar de oportunidades. Perante isso, a consultoria e o treinamento da Comex preparou um material sobre a temática.

Nessa entrevista, Lays Santana, da Rooting Export, comenta sobre sua experiência, desde 2015, em exportação de alimentos *in natura*, mais especificamente de gengibre. Em seu relato, a empresária aborda os principais passos que sua empresa delineou para ingressar no mercado internacional.

COMEXBLOG. **Os desafios da exportação de alimentos**. Disponível em: <https://www.youtube.com/watch?v=9nRBCuxZ-5Q>. Acesso em: 24 jan. 2022.

Dica 2

O economista Rafael Lemos contextualiza o mercado de exportação de frutas brasileiro, setor que movimentou mais de $1 Bi em 2019. Em sua apresentação, ele comenta a razão pela qual esse setor é tão atrativo, a decisão de exportar com ou sem produção, as formas de recebimento de pagamentos e como encontrar clientes.

LEMOS, R. **Exportação de frutas brasileiras**: setor e primeiros clientes (ótimo nicho). 2020. Disponível em: <https://www.youtube.com/watch?v=ZsrlsQI7k5k>. Acesso em: 24 jan. 2022.

Dica 3

A leitura do artigo indicado a seguir pode auxiliar na compreensão das propostas de análises estratégicas de exportação de empresas.

CAMPOS, T. M.; LIMA, E. Irmãos Belone: uma pequena empresa tipo exportação. In: ENCONTRO DE ESTUDOS SOBRE EMPREENDEDORISMO E GESTÃO DE PEQUENAS EMPRESAS, 9., 2016, Passo Fundo. **Anais**... Passo Fundo: Egepe, 2016. Disponível em: <https://anegepe.org.br/wp-content/uploads/2021/09/458.pdf>. Acesso em: 24 jan. 2022.

considerações finais

O profissional de comércio exterior tem de manipular, a todo tempo, termos técnicos em sua rotina de trabalho. Assim, conhecer a terminologia empregada nas operações de negociações internacionais pode auxiliar a prática profissional. Buscando contribuir com isso, optamos por referenciar uma parcela significativa da literatura especializada e dos estudos científicos a respeito dos tópicos aqui abordados, pois dominar as correntes e estruturas de comércio exterior certamente fará diferença na atividade profissional, uma vez que não só potencializa a *expertise* profissional como também é um diferencial competitivo ante a constante demanda do mercado.

Inicialmente, apresentamos a terminologia técnica aplicada ao comércio exterior por meio do destaque de estruturas como os organismos internacionais, órgãos anuentes e de conceito como a visão macroeconômica e o livre comércio. Na sequência, tratamos sobre operações cambiais em negociações internacionais, regime de câmbio, contratos de câmbio, operações bancárias, carta de crédito, linhas de financiamento, internacionalização de empresas e condições de vendas internacionais. Promovemos, então, uma aproximação com a logística de transporte internacional, a fim de compreendermos a estruturação do comércio exterior sob a perspectiva de temas como transporte internacional, modos/modais de transporte, tipos de cargas e equipamentos de cargas.

Por fim, fizemos uma incursão teórico-prática pela terminologia técnica aplicada ao comércio exterior no que tange seguros de cargas, transporte de cargas, avarias de cargas e seguros de cargas nacionais e internacionais. Também abordamos os principais conceitos relacionados à atividade aduaneira brasileira, regimes e desembaraço aduaneiro.

Dessa forma, procuramos, nesta publicação, organizar um conjunto de exemplos-análise com foco na prática do profissional ou do estudante de comércio exterior.

lista de siglas

ABNT – Associação Brasileira de Normas Técnicas

ACC – Adiantamento sobre contrato de câmbio

ACE – Adiantamento sobre cambiais entregues

ACE – Acordos de complementação econômica

AFRMM – Adicional de frete para renovação da marinha mercante

Aladi – Associação Latino-Americana de Integração

AMN – Associação do Mercosul de Normalização

Anac – Agência Nacional de Aviação Civil

Ancine – Agência Nacional do Cinema

Aneel – Agência Nacional de Energia Elétrica

ANM – Agência Nacional de Mineração

ANP – Agência Nacional do Petróleo, Gás Natural e Biocombustíveis

ANTAQ – Agência Nacional de Transportes Aquaviários

ANTT – Agência Nacional de Transportes Terrestres

Anvisa – Agência Nacional de Vigilância Sanitária

AWB – *Airway Bill*

BAF – *Bunker Adjustment Factor*

BIRD – Banco Internacional de Reconstrução e Desenvolvimento

BL – *Bill of Lading*

BNDS – Banco Nacional de Desenvolvimento Econômico e Social

Camex – Câmara de Comércio Exterior

CBA – Código Brasileiro de Aeronáutica

CCI – Câmara de Comércio Internacional

CEX – Comando do Exército

CFR – *Cost and Freight*

CIF – *Cost, Insurance and Freight*

CIP – *Carriage and Insurance Paid to*

CMN – Comitê Monetário Nacional

CNPq – Conselho Nacional de Desenvolvimento Científico e Tecnológico

CNT – Confederação Nacional do Transporte

Cofins – Contribuição para o Financiamento da Seguridade Social

Copant – Comissão Pan-Americana de Normas Técnicas

CPT – *Carriage Paid to*

CTR – Conhecimento de Transporte Rodoviário

Danfe – Documento Auxiliar de Nota Fiscal Eletrônica

DAP – *Delivery at Place*

Decex – Departamento de Operações de Comércio Exterior

Decom – Departamento de Defesa Comercial do Brasil

DDE – Declaração de despacho de exportação

DDP – *Delivery Duty Paid*

DDR – Dispensa do direito de regresso

DGR – *Dangerous Goods Regulations*

DI – Despacho de importação

DPF – Departamento de Polícia Federal

DPU – *Delivered at Place Unloaded*

DTA – Declaração de trânsito aduaneiro

ECT – Empresa Brasileira de Correios e Telégrafos

EXW – *Ex Works*

FAS – *Free Alongside Ship*

FCA – *Free Carrier*

FenSeg – Federação Nacional dos Seguros Gerais

Finem – Financiamento a Empreendimentos

FMI – Fundo Monetário Internacional

FOB – *Free on Board*

GATT – *General Agreement on Tariffs and Trade*

HAWB – *House Airway Bill*

Ibama – Instituto Brasileiro do Meio Ambiente e dos Recursos Naturais Renováveis

ICC – *International Chamber of Commerce*

ICMS – Imposto sobre Circulação de Mercadorias e Serviços

IE – Imposto de exportação

IEC – Comissão Eletrotécnica Internacional

II – Imposto de importação

Incoterms – *International Commercial Terms*

Inmetro – Instituto Nacional de Metrologia, Qualidade e Tecnologia

IOF – Imposto sobre operações financeiras

IPI – Imposto sobre produtos industrializados

ISO – Organização Internacional para Normalização

ISPS Code – *International Ship and Port Facility Security Code*

ISS – Imposto sobre Serviços de Qualquer Natureza

LI – Licença de importação

Mapa – Ministério da Agricultura, Pecuária e Abastecimento

MAWB – *Master Airway Bill*

MCTI – Ministério da Ciência, Tecnologia, Inovações e Comunicações

MDIC – Ministério da Indústria, Comércio Exterior e Serviços

Mercosul – Mercado Comum do Sul

Nafta — *North American Free Trade Agreemen* ou Acordo de livre comércio da América do Norte

NMC — Nomenclatura Comum do Mercosul

OMC — Organização Mundial do Comércio

ONU — Organização das Nações Unidas

OSC — Órgão de Solução de Controvérsias

OTM — Operador de transporte multimodal

Pasep — Programa de Formação do Patrimônio do Servidor Público

PIB — Produto Interno Bruto

PIS — Programa de Integração Social

RCA-C — Responsabilidade civil do transportador aquaviário de carga

RCF-DC — Responsabilidade civil facultativa do transportador rodoviário por desaparecimento de carga

RCOTM-C — Responsabilidade civil do operador de transporte multimodal

RCTA-C — Responsabilidade civil do transportador aéreo de carga

RCTF-C — Responsabilidade civil de transporte ferroviário

RCTR-C — Responsabilidade civil do transportador rodoviário de carga

RCTR-VI — Responsabilidade civil do transportador rodoviário em viagem internacional

RE — Registro de exportação

RFB — Receita Federal do Brasil

Secex — Secretaria de Comércio Exterior

SH — Sistema harmonizado

Siscomex — Sistema Integrado de Comércio Exterior

STN — Secretaria do Tesouro Nacional

Suframa — Superintendência da Zona Franca de Manaus

TEC — Tarifa externa comum

Tipi — Tabela de incidência do imposto sobre produtos industrializados

UE — União Europeia

UIT — União Internacional de Telecomunicações

ZPE — Zona de Processamento de Exportações

referências

ASSIS, M. G.; CARVALHO, D. M. S.; JOAQUIM, T. R. **Mercado de câmbio brasileiro e câmbio de exportação**. São Paulo: Aduaneiras, 2007.

BALLOU R. H. **Logística empresarial**: transportes, administração de materiais e distribuição física. São Paulo: Atlas, 2010.

BCB – Banco Central do Brasil. Circular n. 3.325, de 24 de agosto de 2006. **Regulamento do mercado de câmbio e capitais internacionais**. Disponível em: <https://www.bcb.gov.br/rex/CNC/Ftp/RMCCI-1-11.pdf>. Acesso em: 3 jan. 2021.

BRASIL. Constituição (1988). **Diário Oficial da União**, Brasília, DF, 5 out. 1988. Disponível em: <http://www.planalto.gov.br/ccivil_03/constituicao/constituicao.htm>. Acesso em: 31 jan. 2022.

BRASIL. Constituição (1988). Emenda Constitucional n. 42, de 19 de dezembro de 2003. **Diário Oficial da União**, Poder Executivo, Brasília, DF, 31 dez. 2003. Disponível em: <http://www.planalto.gov.br/ccivil_03/constituicao/emendas/emc/emc42.htm>. Acesso em: 31 jan. 2022.

BRASIL. Constituição (1988). Emenda Constitucional n. 83, de 5 de agosto de 2014. **Diário Oficial da União**, Poder Executivo, Brasília, DF, 6 ago. 2014. Disponível em: <http://www.planalto.gov.br/ccivil_03/constituicao/emendas/emc/emc83.htm>. Acesso em: 31 jan. 2022.

BRASIL. Decreto n. 660, de 25 de setembro de 1992. **Diário Oficial da União**, Poder Executivo, Brasília, DF, 28 set. 1992. Disponível em: <http://www.planalto.gov.br/ccivil_03/decreto/1990-1994/d0660.htm>. Acesso em: 3 jan. 2022.

BRASIL. Decreto n. 1.343, de 23 de dezembro de 1994. **Diário Oficial da União**, Poder Executivo, Brasília, DF, 26 dez. 1994. Disponível em: <http://www.planalto.gov.br/ccivil_03/decreto/1990-1994/D1343.htm>. Acesso em: 3 jan. 2022.

BRASIL. Decreto n. 1.563, de 19 de julho de 1995. **Diário Oficial da União**, Poder Executivo, Brasília, DF, 20 jul. 1995. Disponível em: <http://www.planalto.gov.br/ccivil_03/decreto/1995/d1563.htm>. Acesso em: 24 jan. 2022.

BRASIL. Decreto n. 6.759, de 5 de fevereiro de 2009. **Diário Oficial da União**, Poder Executivo, Brasília, DF, 6 fev. 2009. Disponível em: <http://www.planalto.gov.br/ccivil_03/_ato2007-2010/2009/decreto/d6759.htm>. Acesso em: 31 jan. 2022.

BRASIL. Lei n. 9.611, de 19 de fevereiro de 1998. **Diário Oficial da União**, Poder Legislativo, Brasília, DF, 20 fev. 1998. Disponível em: <http://www.planalto.gov.br/ccivil_03/leis/l9611.htm>. Acesso em: 24 jan. 2022.

BRASIL. Lei n. 13.611, de 10 de janeiro de 2018. **Diário Oficial da União**, Poder Legislativo, Brasília, DF, 11 jan. 2018. Disponível em: <http://www.planalto.gov.br/ccivil_03/_ato2015-2018/2018/lei/L13611.htm>. Acesso em: 3 jan. 2022.

BRASIL. Ministério das Relações Exteriores. Departamento de Promoção Comercial e Investimentos. Fundação Centro de Estudos do Comércio Exterior. **Como exportar para o Brasil**: guia prático sobre o processo de importação no Brasil. Brasília, 2016. Disponível em: <https://investexportbrasil.dpr.gov.br/arquivos/Publicacoes/Como Exportar/CEXBrasil.pdf>. Acesso em: 3 jan. 2022.

BUENO, S. Quais países o Brasil tem acordo comercial? **Fazcomex**, 10 dez. 2021. Disponível em: <https://www.fazcomex.com.br/blog/quais-paises-o-brasil-tem-acordo-comercial/>. Acesso em: 3 jan. 2022.

CAIXETA-FILHO, J. V.; MARTINS, R. S. (Org.). **Gestão logística do transporte de cargas**. São Paulo: Atlas, 2010.

CARVALHO, N. Três análises no mercado externo. **Jornal de Negócios**, 23 ago. 2012. Disponível em: <http://www.jornaldenegocios.pt/opiniao/detalhe/trecircs_anaacutelises_no_mercado_externo.html>. Acesso em: 3 jan. 2022.

CASTIGLIONI, J. A. de M. **Logística operacional**: guia prático. São Paulo: Érica, 2007.

CHURCHILL JR., G. A.; PETER, J. P. **Marketing**: criando valor para os clientes. 2. ed. São Paulo: Saraiva, 2005.

CNT – Confederação Nacional do Transporte. **Anuário CNT do transporte**: estatísticas consolidadas. Brasília: CNT, 2019. Disponível em: <https://anuariodotransporte. cnt.org.br/2019/File/PrincipaisDados.pdf>. Acesso em: 3 jan. 2022.

CORRÊA, H. L. **Gestão de redes de suprimento**: integrando cadeias de suprimento no mundo globalizado. São Paulo: Atlas, 2010.

DALLARI, P. B. A. **Constituição e tratados internacionais**. São Paulo: Saraiva, 2003.

DEL CARPIO, R. F. V. **Carta de crédito e UCP 500**: comentada. 4. ed. São Paulo: Aduaneiras, 2003.

DORNIER, P-P. et al. **Logística e operações globais**: textos e casos. Tradução de Arthur Itakagi Utiyama. São Paulo: Atlas, 2000.

DUNNING, J. The Eclectic Paradigm of International Production: a Restatement and Some Possible Extensions. **Journal of International Business Studies**, v. 19, n. 1, p. 1-31, 1988.

FOSCHETE, M. **Relações econômicas internacionais**. São Paulo: Aduaneiras, 1999.

GALIZA, F. **Retrato do seguro de transportes de cargas no Brasil**. Rio de Janeiro: CNseg; FenSeg, 2017.

GONÇALEZ, O. **Câmbio exportação e importação**: fundamentação teórica e rotina bancária. 2. ed. São Paulo: Aduaneiras, 2012.

GONÇALVES, R. et al. **A nova economia internacional**: uma perspectiva brasileira. Rio de Janeiro: Campus, 1998.

HARBISON, J. R.; PEKAR JR., P. **Alianças estratégicas**: quando a parceria é a alma do negócio e o caminho para o sucesso. Tradução de Maria Lucia Leite Rosa. São Paulo: Futura, 1999.

HARTUNG, D. S. **Negócios internacionais**. Rio de Janeiro: Qualitymark, 2004.

JOHANSON, J.; VAHLNE, J-E. The Mechanism of Internationalization. **International Marketing Review**, v. 7, n. 4, p. 11-24, Jan. 1990.

KEEDI, S. **ABC do comércio exterior**: abrindo as primeiras páginas. 3. ed. São Paulo: Aduaneiras, 2010.

KEEDI, S. **Logística de transporte internacional**: veículo prático de competitividade. 3. ed. São Paulo: Aduaneiras, 2007.

KEEDI, S. **Logística de transporte internacional**: veículo prático de competitividade. 4. ed. São Paulo: Aduaneiras, 2011.

KEEDI, S. **Transportes, unitização e seguros internacionais de carga**. 8. ed. São Paulo: Aduaneiras, 2020.

KRAUS, P. G. **Modelo de internacionalização de empresas produtoras exportadoras brasileiras**. 131 f. Tese (Doutorado em Engenharia de Produção) – Universidade Federal de Santa Catarina, Florianópolis, 2000. Disponível em: <https://repositorio.ufsc.br/xmlui/handle/123456789/78521>. Acesso em: 3 jan. 2022.

KUNZLER, J. P. **Mercosul e o comércio exterior**. São Paulo: Aduaneiras, 1999.

LAHÓZ, A. A globalização veio para ficar. **Exame**, São Paulo, p. 135-148, nov. 2000.

LEITE, A. D. **A economia brasileira**: de onde viemos e onde estamos. 2. ed. Rio de Janeiro: Campus, 2011.

LETHBRIDGE, T.; NAIDITCH, S. O mal-estar da internacionalização. **Exame**, São Paulo, dez. 2005.

LOPEZ, J. M. C.; GAMA, M. **Comércio exterior competitivo**. 4. ed. São Paulo: Aduaneiras, 2010.

LUDOVICO, N. **Roteiro básico de transportes no comércio exterior**. São Paulo: Aduaneiras, 1998.

LUNARDI, A. L. **Carta de crédito sem segredos**. São Paulo: Aduaneiras, 2004.

MAGNOLI, D.; SERAPIÃO JR., C. **Comércio exterior e negociações internacionais**: teoria e prática. São Paulo: Saraiva, 2006.

MAIA, J. de M. **Economia internacional e comércio exterior**. 6. ed. São Paulo: Atlas, 2000.

MAIA, J. de M. **Economia internacional e comércio exterior**. 8. ed. São Paulo: Atlas, 2003.

MAIA, J. de M. **Economia internacional e comércio exterior**. 14. ed. São Paulo: Atlas, 2011.

MANFRÉ, M. **Manual de gestão do comércio internacional**: fundamentos, estratégia e ações. Brasília: Clube de Autores, 2009.

MARCONI, N.; ROCHA, M. Taxa de câmbio, comércio exterior e desindustrialização precoce: o caso brasileiro. **Economia e Sociedade**, Campinas, v. 21, Número Especial, p. 853-888, dez. 2012. Disponível em: <https://pesquisa-eaesp.fgv.br/sites/gvpesquisa.fgv.br/files/arquivos/marconi_-_taxa_de_cambio_comercio_exterior_e_desindustrializacao_precoce_.pdf>. Acesso em: 3 jan. 2022.

MENDONÇA, A. D. de. **Câmbio e negócios internacionais**: procedimentos, regulamentação e jurisprudência. São Paulo: Nobel, 2009.

MINERVINI, N. **O exportador**: ferramentas para atuar com sucesso nos mercados internacionais. 3. ed. São Paulo: Makron Books, 2001.

MINERVINI, N. **O exportador**: ferramentas para atuar com sucesso no mercado internacional. 5. ed. São Paulo: Pearson Prentice Hall, 2008.

MOREIRA, T. B. S.; CARVALHO JUNIOR, A. C. C. D. Interação entre políticas monetária, fiscal e cambial no Brasil: um enfoque sobre a consistência das políticas. **Economia e Desenvolvimento**, Recife, v. 12, n. 1, p. 71-102, 2013. Disponível em: <https://periodicos.ufpb.br/index.php/economia/article/view/17858/10195>. Acesso em: 3 jan. 2021.

MORINI, C. **Negócios internacionais**. Curitiba: Iesde, 2008.

MOSSO, M. M. **Transporte**: gestão de serviços e de alianças estratégicas. Rio de Janeiro: Interciência, 2010.

MURTA, R. **Princípios e contratos em comércio exterior**. São Paulo: Saraiva, 2005.

NOVAES, A. G. **Logística e gerenciamento da cadeia de distribuição**: estratégia, operação e avaliação. 2. ed. Rio de Janeiro: Elsevier, 2004.

PRASAD, S. B.; SHETTY, Y. K. **Administração de empresas multinacionais**: uma introdução. São Paulo: Atlas, 1977.

RATTI. B. **Comércio internacional e câmbio**. 10. ed. São Paulo: Aduaneiras, 2004.

ROCHA, P. C. A. **Logística e aduana**. São Paulo: Aduaneiras, 2001.

ROCHA, P. C. A. **Regulamento aduaneiro**: comentado com textos legais transcritos. 20. ed. São Paulo: Aduaneiras, 2018.

RODRIGUES, P. R. A. **Introdução aos sistemas de transporte no Brasil e à logística internacional**. 4. ed. São Paulo: Aduaneiras, 2007.

SCHULZ, A. **Comércio exterior para brasileiros**. 2. ed. Blumenau: Edifurb, 2000.

SCHWEIG, M. E. (Org.). **Câmbio nas operações de comércio exterior**. São Leopoldo: Unisinos, 2010.

SEGALIS, G.; FRANÇA, R. de; ATSUMI, S. Y. K. **Fundamentos de exportação e importação no Brasil**. Rio de Janeiro: FGV, 2012.

SOARES, C. C. **Introdução ao comércio exterior**: fundamentos teóricos do comércio internacional. São Paulo: Saraiva, 2004.

SOARES, E. B. **Mercosul**: desenvolvimento histórico. São Paulo: Oliveira Mendes, 1997.

SOUZA, C. L. G. de. **A teoria geral do comércio exterior**: aspectos jurídicos e operacionais. Belo Horizonte: Líder, 2003.

THORSTENSEN, V. **OMC – Organização Mundial do Comércio**: as regras do comércio internacional e a rodada do milênio. São Paulo: Aduaneiras, 1999.

URBASCH, G. **A globalização brasileira**: a conquista dos mercados mundiais por empresas nacionais. Rio de Janeiro: Elsevier, 2004.

VAZQUEZ, J. L. **Comércio exterior brasileiro**. 8. ed. São Paulo: Atlas, 2007.

VAZQUEZ, J. L. **Comércio exterior brasileiro**. 9. ed. São Paulo: Atlas, 2009.

VIEIRA, A. **Importação**: práticas, rotinas e procedimentos. 4. ed. São Paulo: Aduaneiras, 2010.

VIEIRA, A. **Teoria e prática cambial**: exportação e importação. São Paulo: Aduaneiras, 2004.

VIEIRA, G. B. B. **Transporte internacional de cargas**. 2. ed. São Paulo: Aduaneiras, 2002.

VIEIRA, L. **Cidadania e globalização**. Rio de Janeiro: Record, 1998.

WERNECK, P. **Comércio exterior e despacho aduaneiro**. 4. ed. Curitiba: Juruá, 2011.

bibliografia comentada

LUNA, E. P. **Essencial de comércio exterior de A a Z**. São Paulo: Aduaneiras, 2000.

Trazendo um vocabulário com mais de 17 mil verbetes e expressões empregadas no mundo das transações comerciais nacionais e internacionais, essa obra concentra-se nas práticas de logística, comércio exterior, importação e exportação. É uma relevante referência teórico-prática para estudantes, profissionais e empresários da área de comércio exterior.

SEGRE, G. (Org.). **Manual prático de comércio exterior**. 5. ed. São Paulo: Atlas, 2018.

Essa obra reúne achados de docentes, pesquisadores e profissionais do comércio exterior brasileiro que, em conjunto, elaboraram um manual de conceitos práticos do comércio exterior. Trata-se de um livro importante para as disciplinas com foco em comércio exterior, comércio internacional e relações internacionais.

SOARES, C. C. **Introdução ao comércio exterior**: fundamentos teóricos do comércio internacional. São Paulo: Saraiva, 2004.

Esse livro entrega ao leitor os fundamentos práticos e teóricos do comércio exterior, razão por que é uma referência indicada para estudantes, profissionais e empresários da área, sobretudo no que tange à interpretação de normas, à análise de fatos internacionais e às práticas de negociações e de contratos internacionais.

SOSA, R. B. **Glossário de aduana e comércio exterior**. São Paulo: Aduaneiras, 2000.

Nesse livro, o leitor terá acesso a termos e expressões de uso corrente em processos aduaneiros no comércio exterior, bem como a um vocabulário variado de direitos tributário, administrativo e marítimo. Aos profissionais desses segmentos, essa obra serve de ferramenta conceitual às práticas e às rotinas do trabalho; aos estudantes, pode contribuir substancialmente para sua formação, sobretudo quanto ao emprego de conceitos adequados à área.

SOUSA, J. M. de. **Fundamentos do comércio internacional**. São Paulo: Saraiva Uni, 2012.

Nessa obra, o autor focaliza o comércio internacional sob o panorama global das transações internacionais, dando a devida atenção ao contexto brasileiro. O livro apresenta a terminologia empregada em operações internacionais e a nomenclatura fiscal de mercadorias, contribuindo, assim, para a aplicação dos principais termos da área de comércio internacional.

TANG, C. **Aliança Brasil-China**: uma estratégia para a prosperidade. São Paulo: Aduaneiras, 2013.

Essa obra discute a possibilidade do estabelecimento de um modelo econômico de prosperidade brasileiro. Em sua abordagem, Tang aponta que o Brasil apresenta características e estrutura para se converter em um "tigre" de exportações; ao mesmo tempo, porém, analisa que o atual modelo de pobreza brasileiro é reflexo de equivocadas teorias econômicas adotadas no país.

VAZQUEZ, J. L. **Comércio exterior brasileiro**. 11. ed. São Paulo: Atlas, 2015.

Nesse livro, o autor aborda temas como comércio exterior; sistema brasileiro de comércio exterior; compra e venda em comércio exterior (Incoterms); política brasileira de importação; política brasileira de exportação; regimes aduaneiros; câmbio; financiamentos de exportação e de importação; e tópicos relacionados ao Mercado Comum do Sul (Mercosul).

sobre a autora

Giselly Santos Mendes é administradora formada pela Universidade Feevale e mestre em Qualidade Ambiental pela mesma instituição. Trabalhou como profissional da iniciativa privada na área de gestão e negócios e, atualmente, é docente dos cursos de nível técnico e tecnológico em instituição privada nas disciplinas de Eixo Gestão e Negócios.

Os papéis utilizados neste livro, certificados por instituições ambientais competentes, são recicláveis, provenientes de fontes renováveis e, portanto, um meio **respons**ável e natural de informação e conhecimento.

FSC
www.fsc.org
MISTO
Papel produzido a partir de fontes responsáveis
FSC® C103535

Impressão: Reproset
Fevereiro/2023